U0627309

2019年第4辑

北京 BEIJING
JINRONG PINGLUN
金融评论

《北京金融评论》编辑部　编

中国金融出版社

责任编辑：张翠华
责任校对：孙　蕊
责任印制：丁淮宾

图书在版编目（CIP）数据

北京金融评论. 2019 年第 4 辑/《北京金融评论》编辑部编. —北京：中国金融出版社，2020. 5
ISBN 978 – 7 – 5220 – 0634 – 5

Ⅰ. ①北⋯　Ⅱ. ①北⋯　Ⅲ. ①金融—文集　Ⅳ. ①F83 – 53

中国版本图书馆 CIP 数据核字（2020）第 087132 号

北京金融评论. 2019 年第 4 辑
BEIJING JINRONG PINGLUN. 2019 NIAN DI – SI JI
出版
发行　　中国金融出版社
社址　　北京市丰台区益泽路 2 号
市场开发部　（010）66024766，63805472，63439533（传真）
网 上 书 店　http：//www. chinafph. com
　　　　　　（010）66024766，63372837（传真）
读者服务部　（010）66070833，62568380
邮编　100071
经销　新华书店
印刷　保利达印务有限公司
尺寸　185 毫米 ×260 毫米
印张　13. 5
字数　245 千
版次　2020 年 5 月第 1 版
印次　2020 年 5 月第 1 次印刷
定价　38. 00 元
ISBN 978 – 7 – 5220 – 0634 – 5
如出现印装错误本社负责调换　联系电话（010）63263947

学术委员会及编委会名单
Academic Committee and Editorial List

学术委员会（按姓氏首字母排序）

顾　　问：厉以宁　吴念鲁　赵海宽

委　　员：谷克鉴　何德旭　贺力平　黄群慧　贾　康　李稻葵
　　　　　陆　磊　吕　铁　王建新　徐　忠　张健华

编委会

主　　编：杨伟中

副 主 编：梅国辉

执行主编：林晓东　贾淑梅

执行编委：吴逾峰　刘　弘

顾　　问：向世文　王建平　郭左践　贺同宝　杨　立　刘玉苓　李玉秀
　　　　　施　刚　陈　军　王建宏　余静波　魏德勇（Johan de Wit）
　　　　　果雪英　王金山　冯贤国　赵松来　张俊强　魏　红　夏云平
　　　　　刘红华　武　健　李大营　杨　毓　王晓龙　徐红霞　张　霆
　　　　　鞠维萍　武　博　于　赟　王　兵　徐敏彬　徐　明　龚　俊
　　　　　章　平　张佑君　杨梅英　郭利华　叶春明

编　　委：肖　鹰　蔡　豫　姜以明　曲兵林　段宝峰　马宏庆　宋效军
　　　　　刘彦雷　黄礼健　尹海峰　王学利　王　征　朱　箐　徐　强
　　　　　王洪生　彭　科　樊　隽　崔　立　于小龙　田雨鑫　李永普
　　　　　崔贺龙　李海林　何　峰　孟宪斌　吴莹莹　马　琳　孙瑞文
　　　　　蒋　虹　吴本健　张国胜　孙衍琪　李建军　张　洋　孔维莎
　　　　　雷晓阳　魏海滨　董洪福　余　剑　毛笑蓉　李海辉　刘　军

前 言
Preface

    2019 年是新中国成立 70 周年，也是决胜全面建成小康社会第一个百年奋斗目标的关键之年。放眼全球，世界经济正面临百年未有之大变革；着眼国内，我国发展仍处于并将长期处于重要战略机遇期。面对稳中有变、变中有忧的内外部形势，推动高质量发展是遵循经济发展规律，引领我国经济迈上新台阶的必然要求。

    金融活，经济活；金融稳，经济稳；经济兴，金融兴；经济强，金融强。经济是肌体，金融是血脉，两者共生共荣。做好新时期金融工作，保持经济平稳健康发展，就要坚持以供给侧结构性改革为主线，以高质量服务、高质量发展为重点，提高金融服务实体经济的能力和水平；就要完善金融监管，打好防范化解重大风险的攻坚战，守住不发生系统性金融风险的底线；就要进一步深化金融体制改革和制度建设，积极稳妥地推进金融业对外开放，为经济社会健康发展注入源源不竭的动力。

    新起点踏上新征程，新时代铸就新梦想。在这中国经济转型发展的重要关口，我们每个人都肩负着历史的重任。时代的发展要求我们开拓创新，锐意进取，凝智聚力，攻坚克难。错综复杂的内外部形势要求我们具备崭新的思路和全新的视野，进一步探索新时期经济金融理论，以助推我国经济高质量发展，实现中华民族的伟大复兴。

    心怀凌云志，取道唯精勤。新的一年，《北京金融评论》将继续秉持"评论传播思想，思想指导实践"的宗旨，密切关注金融改革难点及热点问题，实现学术研究与实务探讨的有效结合。我们将进一步推进征稿约稿工作，加强与作者沟通，精心打磨每一篇文章，为推动新时代经济金融发展和学术研究作出积极贡献，以优异的成绩向新中国七十华诞献上厚礼！

目　录

Contents

观 察 思 考

科 技 金 融

普 惠 金 融

业 务 交 流

高管论坛

优先发展高端生产性服务业是北京市经济高质量发展的战略选择

梅国辉[①]

近年来，北京市经济增长速度缓慢下行，同时还面临着固定资产投资下滑，居民消费低速增长，地方财政收入下降，企业贷款需求趋缓等问题。如何破解这些制约北京市经济增长的瓶颈问题，是北京市能否实现经济高质量发展所面临的重大战略问题。量化分析显示，未来 10 年，如不采取任何措施，北京市经济增速将缓慢降至 5.3%；如要经济增长速度维持在 6% ~ 6.5%，有两条优先发展路径：一是优先发展高端制造业，其他产业保持现行趋势不变，要求第二产业增速逐步增至 8.5% ~ 10.8%；二是优先发展现代服务业，其他产业保持现行趋势不变，要求第三产业增速维持在 6.4% ~ 7.2% 即可。调研结果表明，实现这个增速需要现代服务业突破固有格局，补短板、强优势，提质增效，对满足生产性需求和中高端消费性需求的高端生产性服务业加快政策支持、加大固定资产投资、加强金融支持力度。

一、服务业"大而不强"是经济增长稳中放缓的主要原因

（一）生产性服务业对第一、第二产业发展和升级的促进作用不强[②]

北京市经济形成以服务业为主导产业之后，产业升级的主要动力来自生产性服

---

① 作者简介：梅国辉，现任中国人民银行营业管理部巡视员。本文仅代表个人学术观点，与所在单位无关。

② 北京市的高端生产性服务业包括现代金融业、信息服务业、科技服务业、租赁和商务服务业、教育培训等生产性服务业。基础教育、卫生和文化体育与娱乐业中具有生产性服务功能的行业，部分也具有高端生产性服务业的特征。

务业与其他产业的融合。北京市最新投入产出表显示，第一产业和第二产业生产过程中对生产性服务业的直接依赖性都比较低，直接消耗生产性服务业产品比重分别为16.8%和14.6%，第二产业对信息服务业、科技服务业等高端生产性服务行业的依赖程度更低，直接消耗服务业产品比重仅为0.3%和0.9%。从产出来看，生产性服务业的产品主要供服务业本身使用，尤其是高端生产性服务业，第一产业和第二产业使用高端生产性服务业产品的比重分别仅为0.3%和16%（见表1）。

表1　　　　　　　　　　2012年北京市投入产出表合并表　　　　　　　单位：亿元

投入＼产出	中间使用									
	第一产业	第二产业	制造业	高技术制造业	建筑业	服务业	生产性服务业	高端生产性服务业	金融业	中间使用合计
中间投入 第一产业	80.2	306.3	281.7	0.1	24.7	175.3	16.0	15.3	0.4	561.8
第二产业	110.4	15 712.3	12 944.0	5 523.4	2 768.3	5 711.4	3 541.8	2 366.0	200.0	21 534.1
制造业	110.4	15 603.4	12 902.4	5 515.2	2 701.0	5 458.9	3 487.7	2 334.8	189.5	21 172.7
高技术制造业	7.4	4 495.8	4 4273.2	4 074.8	222.7	1 803.5	1 510.4	1 319.3	29.0	6 306.7
建筑业	0.0	108.9	41.6	8.1	67.3	252.6	54.2	31.2	10.5	361.5
服务业	55.0	3 025.9	2 426.4	1 277.9	599.4	9 455.4	6 961.5	4 053.6	1 251.6	12 536.2
生产性服务业	41.4	2 783.4	2 234.3	1 200.3	549.1	7 311.0	5 825.7	3 173.7	894.1	10 135.8
高端生产性服务业	15.8	904.5	677.8	258.3	226.6	4 718.5	3 688.2	2 474.9	806.1	5 638.8
金融业	2.2	397.9	274.5	60.9	123.4	1 644.8	1 225.0	732.1	272.1	2 044.9
中间投入合计	245.5	19 044.5	15 652.1	6 801.4	3 392.4	15 342.1	10 519.4	6 434.8	1 452.0	34 632.1

（二）生产性服务业优势行业国际竞争力不强

一是全球金融中心排名显示北京市金融业在国际竞争力和对其他产业的支撑方面的作用在不断下降。2012年投入产出表显示北京市虚拟经济①存在一定程度的"金融空转"现象，总部金融的辐射作用发挥不足。二是信息服务业规模、质量、龙头企业创新与效益方面与发达国家差距较大。三是北京市科技服务业以向国内输出技术为主，在国际上的竞争优势尚未建立起来。

（三）服务业要素投入的量和质均有提升空间

一是服务业固定资产投资总量偏少和结构不均。扣除房地产开发投资后，2017年北京全社会固定资产投资额投向服务业的比重为46.3%，投资额仅为金融支持服

---

① 这里的虚拟经济指金融业和房地产业。

务业的15.5%（剔除房地产贷款）。其中，投向高技术服务业的比重仅占4.1%；生产性服务业仍处于投资效率上升区，科学研究、技术服务与地质勘查业，信息传输、计算机服务和软件业还有可提升的投资空间。二是劳动力和技术投入的比重还可以进一步提高。2017年，北京市服务业从业人员的比重达到80.6%（伦敦高达92%），其中，基础性和应用性研发在人员和资金方面的投入均不足，不利于推动技术创新。

（四）金融支持服务业供给侧结构方面仍存问题

2018年，现代服务业整体的金融支持率为44.2%，经济贡献率为62.7%，金融对现代服务业的支持力度仍需加大。结构上，交通运输、仓储和邮政业、房地产业和租赁与商务服务业的资金支持率高，经济贡献率低；经济贡献率高的信息传输、计算机服务和软件业、科学技术服务业和教育业金融支持率反而较低；满足人民生活需要的生活性服务业金融支持率为1.8%，生活性服务业的发展仍需要更多的资金支持。

二、"做大做强"服务业是北京市经济高质量发展的必由之路和必然选择

（一）服务业比重提高是北京市经济高质量发展的必由之路[①]

国际经验表明当服务业比重超过85%之后，服务业和制造业达到相互融合、相互促进的状态，当服务业占比超过90%以后，三次产业结构趋于稳定。从服务业比重和增速来看，东京服务业比重从80%提升至85%用时约8年，2008年超过85%。伦敦服务业比重从88.0%提升至91.7%用时约12年，2009年达91.7%。纽约服务业比重超过80%后增速放缓，比重从80%升至90%用时将近20年。从人均GDP来看，东京人均GDP超过6万美元时，金融业与制造业呈现出同步发展趋势，比值相对稳定在10:6左右。伦敦服务业当人均GDP达到6.04万美元时，服务业与制造业占比趋于稳定，互动融合的共生态势逐步形成。发达国家占据全球价值链顶端最重要的原因在于不断地投入服务业所内含的技术、知识和人力资本，使整体产业结构不断向"服务化"调整。

[①] 本段数据引自国际大都市服务业发展规律及启示［J］．前线，2018（9）．

（二）服务业比重提高是北京市经济实现高质量发展的必然选择

　　未来 10 年，如不采取有力措施，北京市经济增速将缓慢降至 5.3%。如要经济增长速度稳定在 6% ~ 6.5%，资源有限的情况下有两条优先发展路径：一是优先发展高端制造业，其他产业保持现行趋势不变，要求第二产业增速逐步增至 8.5% ~ 10.8%，服务业占比将在 79.4% ~ 83.2%；二是优先发展现代服务业，其他产业保持现行趋势不变，要求第三产业增速维持在 6.4% ~ 7.2% 即可，服务业占比将升至 86.2% ~ 86.9%。不论是从国际大都市发展经验还是优先发展路径的难易程度均可看出，优先发展现代服务业是必然选择。定量预测服务业发展路径见表 2。

表 2　　　　　　　　　　　服务业未来发展路径情景测算表

	情景	2019	2020	2021	2022	2023	2024	2025	2026	2027	2028
情景一	地区生产总值增速	5.8	6.1	6.1	5.9	5.8	5.7	5.6	5.5	5.4	5.3
	第一产业增速	8.9	8.9	5.0	0.7	−2.1	−2.9	−2.2	−0.8	0.3	0.7
	第二产业增速	3.9	4.6	4.5	4.3	4.2	4.1	3.9	3.8	3.7	3.6
	第三产业增速	6.2	6.5	6.5	6.3	6.2	6.0	5.9	5.8	5.6	5.5
情景二	地区生产总值增速	6.5	6.5	6.5	6.5	6.5	6.5	6.5	6.5	6.5	6.5
	第一产业增速	8.9	8.9	5.0	0.7	−2.1	−2.9	−2.2	−0.8	0.3	0.7
	第二产业增速	3.9	4.6	4.5	4.3	4.2	4.1	3.9	3.8	3.7	3.6
	第三产业增速	7.2	7.0	7.0	7.0	7.0	7.0	7.0	7.0	6.9	6.9
情景三	地区生产总值增速	6.0	6.0	6.0	6.0	6.0	6.0	6.0	6.0	6.0	6.0
	第一产业增速	8.9	8.9	5.0	0.7	−2.1	−2.9	−2.2	−0.8	0.3	0.7
	第二产业增速	3.9	4.6	4.5	4.3	4.2	4.1	3.9	3.8	3.7	3.6
	第三产业增速	6.6	6.4	6.4	6.4	6.4	6.4	6.4	6.4	6.4	6.4
情景四	地区生产总值增速	6.5	6.5	6.5	6.5	6.5	6.5	6.5	6.5	6.5	6.5
	第一产业增速	8.9	8.9	5.0	0.7	−2.1	−2.9	−2.2	−0.8	0.3	0.7
	第二产业增速	8.1	6.9	7.2	8.0	8.6	9.2	9.7	10.1	10.5	10.8
	第三产业增速	6.2	6.5	6.5	6.3	6.2	6.0	5.9	5.8	5.6	5.5
情景五	地区生产总值增速	6.0	6.0	6.0	6.0	6.0	6.0	6.0	6.0	6.0	6.0
	第一产业增速	8.9	8.9	5.0	0.7	−2.1	−2.9	−2.2	−0.8	0.3	0.7
	第二产业增速	5.3	4.0	4.2	5.0	5.6	6.3	6.9	7.5	8.0	8.5
	第三产业增速	6.2	6.5	6.5	6.3	6.2	6.0	5.9	5.8	5.6	5.5

　　注：情景一为按 2000—2018 年增速趋势预测未来十年 GDP 和三产增速值；

　　　　情景二为要保持地区生产总值为 6.5% 的增速，优先第三产业发展所需的三产增速值；

　　　　情景三为要保持地区生产总值为 6% 的增速，优先第三产业发展所需的三产增速值；

　　　　情景四为要保持地区生产总值为 6.5% 的增速，优先第二产业发展所需的三产增速值；

　　　　情景五为要保持地区生产总值为 6% 的增速，优先第二产业发展所需的三产增速值。

三、服务业"增质提效"需从三个层面实现良性循环

（一）金融服务业自身的良性循环

一是继续推进资本市场改革。在科创板基础上，继续大力推进资本市场的市场化、注册制改革，提高资本市场融资效率；发展私募股权融资，强化私募股权市场与境内外主板资本市场的连接和互动；加强债务融资支持，鼓励服务业企业贷款类资产证券化产品发行。二是大力发展保险业对实体经济的支持力度。从金融业增加值结构看，北京市银行业增加值占绝对主导地位，而其他世界一线城市保险及其他金融服务业也占了重要比重。三是推动金融业深度融入国际市场。支持设立人民币海外投贷基金，支持符合条件的机构开展合格境内有限合伙人境外投资试点，为服务业发展提供更全面的综合性金融服务。

（二）服务业内部各行业之间的良性循环

一是完善生产性服务尤其是高端生产性服务产业链，提升服务业的价值创造功能。以高端制造业为基础，各环节共同构成生产性服务产业链，进一步促进各生产性服务行业基于知识服务流程和关联构成服务功能更强的产业链体系。二是进一步推动各生产性服务行业互动发展，提高整个服务业体系效率和效益。促进研发产业与流通产业相结合，提升研发产业的市场导向；推动商务服务业中的各项专业知识服务与服务业的全面融合，提高服务业知识化水平；以服务业信息化为契机，提高信息服务业的高端咨询与设计能力，延伸信息服务链。

（三）服务业与其他行业之间的良性循环

一是加强生产性服务业和高端制造业融合互动。北京应以高端制造业为基础，进一步向价值链两端延伸，提高服务业融合度，拓展价值链上的核心环节，例如，促进研发服务产业化，完善研发产业链结构。二是提高北京市制造业整个流程的效率和知识技术含量。推动物流、供应链管理等流通服务与制造业进一步融合互动；提高制造业管理技术水平，实现流程创新；充分发挥信息服务业优势，提高制造业生产和管理流程的信息化程度。

观点荟萃

管理气候变化的金融风险

雷　曜　赵天奕[①]

摘要：本报告为花旗银行 2019 年 10 月上旬发布，主要作者是花旗特别经济顾问 Willem Buiter 和花旗全球视野与解决团队（Citi GPS）的 Benjamin Nabarro。

气候变化带来两类金融风险：一是搁浅资产[②]（Stranded Asset）风险，即资产需求的实质性变化使实物资产价值急剧下降，可视为应对风险成功所付出的成本；二是物理风险（Physical Risk），即由于气候变化导致实物资产损失而造成的资产价值破坏风险，可视为应对风险失败所付出的代价。

气候风险不是单独风险，而是现有风险的放大器。气候风险可能抑制总需求和潜在产出，导致滞胀性冲击。鉴于气候风险的普遍性，确保市场对金融体系和关键金融机构稳健性的信心至关重要。

全球金融机构开始积极将气候变化因素纳入贷款决策，激励客户寻求有效的脱碳策略。一些重要的金融监管机构意识到潜在风险并采取行动，如将气候风险评估和量化纳入日常操作，以降低气候风险对中央银行金融稳定职责的影响，帮助实现货币政策物价稳定和充分就业的双重目标。

一、引言

温室气体排放、全球变暖和气候变化不仅与人类的未来相关，也是金融监管的当务之急。关注气候变化风险不仅是企业的社会责任，也是传统金融风险管理的内容。全球一些重要的金融监管机构和监管者已经意识到这些风险并采取行动。英格

[①]　编译者简介：雷曜，现任中国人民银行金融研究所副所长；赵天奕，现供职于中国人民银行石家庄中心支行。

[②]　搁浅资产（Stranded Asset）主要是指在碳排放监管趋紧和可再生能源价格竞争激烈的情况下无法用于燃烧的煤炭、石油和天然气储量。

兰银行行长马克·卡尼近期提出，中央银行应该考虑气候风险，确保金融稳定。

与气候变化相关的金融风险可分为两大类：

一是与遏制气候变化的有效措施及其他公共和私人努力相关的金融风险，即在向低碳未来转变阶段的过渡风险（Transition Risk）或减排风险（Mitigation Risk）。应该关注的减排风险是搁浅资产风险——由于资产需求的实质性变化，实际未损失的实物资产价值急剧下降的风险（参见 Citi GPS，2015）。这些下降可通过立法、法规、税收、技术、对低碳产品的偏好（Taste）、投入价格和市场结构的变化实现。

二是与未能有效解决气候变化相关的金融风险，即与适应高碳未来相关的物理风险。金融的物理风险是指由于气候变化导致实物资产（包括商业资产和非商业性自然资产）损失而造成的资产价值破坏风险。破坏因素可能涉及广泛的自然灾害：野火、热浪、热带气旋、干旱和其他极端天气事件、洪水（特别是低洼的沿海地区）、物种灭绝导致的生物多样性下降。风险资产包括基础设施、财产和土地及水资源。由于洪水、干旱和其他由全球变暖导致的问题，实际商业资产的搁浅风险最好被视为物理风险。人身风险（人身伤害和死亡）也存在金融维度，包括但不限于人寿保险和医疗保险提供者的风险敞口。

减排风险是成功对抗全球变暖的成本，而物理风险是失败的代价。两种风险都有可能在某种程度上实现；等待的时间越长，物理风险及相关成本越严重。平衡两种风险的每一种成本组合，都对应一种完全不同的全球分布。

以上风险都可能是巨大的，但存在显著不确定性：（1）这些风险可能实现的确切方式；（2）可能的过渡或适应结果；（3）可能涉及的损失（或收益）估值。

首先，虽然长期数据显示，全球变暖且极端天气事件发生频率增加，但将其转化为局部短期化情况较为困难。极端天气就其本质而言仅是偶尔发生，其对全球变暖速度和规模的影响是非线性和潜在的，对生态系统的影响（如永久冻土的破坏或海洋酸性的增加）也是不确定的。

其次，未来气候变化路径及相应的物理风险正处于激烈的争论中。举例来说，澳大利亚国立大学的 Blakers 和 Stocks（2018）认为光伏发电和风力发电将在 20 年内取代化石燃料。而 MIT 技术评论能源高级编辑 James Temple（2018）指出，以目前无碳能源产能增加速度，大约需 400 年才能将全球能源系统转变为无碳能源系统。

如果 Blakers 和 Stocks 的设想实现，减排风险成为确定性减排，搁浅的煤炭、石油和天然气资产规模将是巨大的。如果 Temple 的设想实现，全球平均气温可能上升高于 2℃，远高于工业化之前的水平。由于搁浅资产减少，减排风险降低，但物理风险上升，随之而来的由于资产物理损失或对它们的保险导致的金融损失风险也上升。

人类选择转型和减排的具体路径将决定哪些资产价值下跌，哪些资产价值保持。例如，CO_2 捕获和储存（CCS）成本的未来发展趋势，包括直接空气捕获 CO_2（从大气中分离碳和储存）、海水捕获 CO_2（从海水中提取间接降低大气中 CO_2 浓度）以及点源 CCS（从排放高浓度 CO_2 的烟囱中分离碳和储存）可行技术的适用范围。

一些科学家主张认真考虑"云播种"（Cloud seeding），这将引导更多导致全球变暖的辐射进入太空，而不是地球（Storelvmo，2014）。所有这些设想在技术上都具有高度投机性，更不用说经济上的可行性了。但是，也不能把成功率很低认为是不可能，应该为奇迹的发生做好准备，也应该为发生灾难做好准备："当有严重或不可扭转的损失威胁时，缺乏全面的科学确定性不能成为延迟采取有效措施应对环境恶化的理由"。

企业不会将气候风险视为一种单独的风险类别，与金融机构和其他公司每天都要量化、对冲和提供的市场风险、信用风险、对手风险、流动性风险和声誉风险一起处理。相反，有可能像 Habahbeh（2019）建议的那样，气候风险可能成为现有风险的威胁放大器，而非将某一天气造成的自然灾害归因于全球变暖。即使全球平均气温仍然保持在 1750 年的水平，这种灾难还是有可能发生。全球变暖增加了极端天气事件（龙卷风、飓风、风暴、干旱和洪水）的可能性和破坏性影响。气候科学能够帮助我们更好地理解气候风险的演变分布以及在天气灾害中的表现。

二、搁浅资产风险

当前，世界关注的主要问题已经从几十年内化石燃料将耗尽的风险，转移到人类活动导致全球变暖。这意味着，如果要满足 2℃ 的巴黎协议目标（先不考虑 1.5℃ 目标），将永久留存大量化石燃料。

为了解潜在的化石燃料资产搁浅问题，需要适当的碳预算、可用储量和化石燃料资源的碳含量，以及人类二氧化碳排放的历史记录。

（一）碳预算（Carbon Budgets）

碳预算（也称排放预算、排放配额或允许排放量）是指一定时期内、给定条件下，保持低于特定全球平均温度的 CO_2 排放总量的上限。它可以被视为特定全球平均温度下的碳需求。

温室气体的人为排放是全球变暖的首要驱动力。CO_2 位于核心地位，占温室气体排放总量的75%以上。从工业时代到2011年，人类累积排放CO_2约20 400亿吨（IPCC，2014）。2011年，人类排放CO_2 348亿吨（IPCC，2014），在2008—2017年十年间平均为345亿吨（Le Quéré et al.，2018）。全球碳项目（Global Carbon Project）估计全球化石燃料和工业的CO_2排放量在2017年和2018年分别为362亿吨和371亿吨（全球碳预算，2018）。

虽然累积碳排放的瞬态气候响应（TCRE）仍存在一定程度的不确定性，但毫无疑问的是，将全球变暖永久控制在2℃以下（更不用说1.5℃以下）的碳预算，必然需要未来几十年内大幅削减排放，并在中长期实现CO_2零排放。

据2014年IPCC的估计，从2011年起，为保持气温上升低于1.5℃、2℃、3℃的累积CO_2排放量都有66%的概率分别为4 000亿吨、10 000亿吨、24 000亿吨（IPCC，2014）。IPCC（2018）可以找到类似数据，这表明从2018年开始（不包括地球系统的附加反馈）为限制温度上升不超过1.5℃的碳预算剩余为4 200亿吨的可能性为66%，为5 800亿吨的可能性为50%。

根据《联合国排放差距报告（2018）》，为避免2100年全球变暖温度超过2℃，年度CO_2当量排放量（包括所有温室气体）到2030年不能超过400亿吨（66%的概率）；如要维持在1.5℃以下，则不能超过240亿吨。

据Rogelj等（2016）估计，为将全球变暖控制在2℃以下，从2015年起，CO_2预算剩余在5 900亿吨到12 400亿吨之间的概率大于66%。这相当于以2014年的CO_2排放量排放15～31年。与此可比的数据是IPCC的11 700亿吨CO_2。包括对碳捕获和储存潜在收益的估计，IPCC估算，为保持全球温度低于1.5℃的概率超过50%，到2030年年均排放量下降到200亿吨CO_2，到2050年全球CO_2排放量超过零。对于2℃目标，2030年和2050年的排放当量分别为290亿吨和99亿吨。

（二）碳供给

碳预算可以转化为对各种CO_2排放源的需求（主要是化石燃料）。将这种需求与化石燃料的供应（储量与资源）进行对比，可以推断出如果遵守碳预算被搁浅的化石燃料资产的数量。

文献区分了几种不可再生资源的"供给"。最终可开采资源量（URR）是可采和生产的化石燃料的总量估算。它是累积产量、已探明储量和未探明资源的总和。累积产量是截止到某一日期石油已开采量的估算，与经济供应最接近的概念是剩余最终可开采资源（RURR），即最终可开采资源减去累积产量。RURR由地质、物理定律、技术（当前和未来的）、法规（当前和未来的）、投入和产出价格以及税收和补贴（当前和未来的）决定（见图1）。

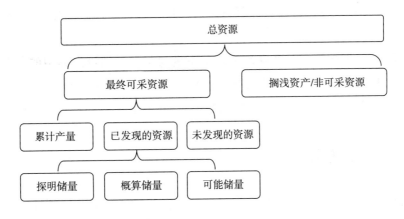

图1 可用资源存量分解图

[资料来源：Citi Global Perspectives & Solutions（2015）.]

要了解在不同全球气候设定下搁浅资产的可能规模，必须将碳预算与现有煤炭、石油和天然气储备使用所产生的全部碳排放进行比较。

大量研究结果表明，有效的减排措施对碳密集型产业产生重大的金融影响。2015年《自然》上一项研究（McGlade和Ekins，2015）估计，为实现2℃目标，2010—2050年，全球已知石油储量的三分之一、天然气储量的一半和80%以上的煤炭储量将被闲置。该研究还指出，北极地区资源开发和非常规石油产量的增加，与2℃目标是矛盾的。Bos和Gupta（2019）得出结论，2℃目标将使超过80%的已探明化石燃料储量成为搁浅资源，对这些资源的投资即为搁浅资产。

迅速采取碳排放税、排放交易系统的总量控制和交易计划以及限制碳排放法规等纠正措施，意味着正向低碳经济迈出决定性的一步。各国政府还鼓励或直接资助有利于缩小排放差距的创新技术的研发，但都不可避免地带来大量的资产减值。

在政治上，如果使用税收（如对汽油、柴油、天然气和食用油征收碳税）或配给的方式减少温室气体排放，也很不受欢迎。如推动法国黄背心运动的问题之一就是燃油税上涨。加拿大联邦碳定价政策在其化石燃料生产省就是极具争议的政治问题。

对遏制气候变化的措施存在实质性的政治反对。最突出的例子是2017年6月1日，特朗普总统宣布美国退出2015年签署的应对气候变化的巴黎协议。联合国秘书长古特雷斯在新西兰访问期间表示，要关注气候变化。然而，对抗气候变化的政治意愿正在消退，环境变化的影响却越来越严重。

如果这种向低碳经济转型的政治反对持续或加强，减排风险可能下降，但物理风险却上升。两种不同的政治力量推动着事态发展。第一种趋势反映在黄背心运动中，这是与国内改革相关的新挑战，民众对管理精英的不信任度上升。第二种趋势是国际上对统一的、多边的布雷顿森林体系的制度性侵蚀，实现跨国合作的难度日益增加。

难以形成广泛的跨国碳排放政策协调不足为奇。碳排放是典型的负公共利益（或公害），具有非竞争性和非排他性，存在明显的"搭便车"问题。不管基于什么原因，考虑当前的碳排放量，全球平均气温相对于工业化前至少上升3%。

三、物理风险

像缓解气候变化的成本一样，气候变化相关的物理风险无可避免。根据《联合国排放差距报告（2017）》，全面实施《2015年巴黎协定》中的无条件国家自主贡献（NDCs），意味着2100年全球平均温度将比工业化前高出3.2℃；如果实施有条件的NDCs，温度上升幅度将下降到3℃。该报告还指出，大多数G20国家需要新的政策和行动，以实现其有条件和无条件的NDC承诺。经过三年停滞，2017年全球CO_2排放量有所上升，这在一定程度上反映了全球GDP增长的周期性上升。全球碳项目数据显示，2018年全球碳排放可能达到371亿吨的历史新高。国际能源署（The International Energy Agency）的数据同样表明，2018年CO_2排放量正在上升。

根据IPCC的环境影响报告，全球变暖超过3℃的话，其对环境破坏和财富损失的影响将是巨大的。如果这些风险得到确认并可保险，那么大多数金融风险将集中于保险公司、再保险公司及关联企业。如果政府向上述受损资产的所有者提供经济救济，那么纳税人、公共支出的受益人将为其分担部分损失。

关键问题是哪些资产容易受到灾难性气候变化的影响，哪些资产更具有抵御冲击的能力，易受冲击的资产是否具有投保的可能性。

全球变暖的潜在后果包括冰川退缩、海平面上升、北极海冰减少以及极端天气等极端气候事件增加。美国国家航空航天局（NASA）称，在21世纪中叶之前，北极可能出现夏季无冰的情况。大气中二氧化碳浓度升高导致了海洋酸化，对海洋生物具有多种潜在的破坏性影响，例如珊瑚白化等。自1980年至今，海平面已上升约8英寸，预计到2100年还将上升1~4英尺。因此，风暴潮和涨潮可能会增加许多低洼沿海地区遭受洪灾的风险。

降水模式预计将会普遍发生变化。美国部分地区近期将继续出现强降雨事件，飓风可能更强、更剧烈，其他地区会出现干旱和热浪。美国海平面的上升幅度将与全球海平面上升幅度相当。

气温升高可能对俄罗斯、加拿大、挪威、瑞典和芬兰等北方国家有利。由于无霜期、植物生长期延长，美国部分地区有所受益。整体来看，证据表明，气候变化的净损失成本可能是巨大的，并且还会增加（IPCC，2014）。2018 年 11 月 23 日发布的第四次国家气候评估报告（U. S. Global Change Research Program）认为，如果全球变暖继续发展，美国 GDP 在 21 世纪最后 20 年的平均降幅可能高达 10%。这一结论是基于非常悲观的排放情景，即美国技术进步速度较慢，缺乏气候变化相关政策，且经济发展对气候变化特别敏感。在这种情景下，温度在 2080—2099 年平均升高 8℃（以 1851—1900 年为基准，见图 2）。其中，典型浓度路径（RCP）情景的取值为 2100 年"辐射强迫值"（来自所有来源的温室气体的累计人类排放量，以瓦特每平方米表示）。

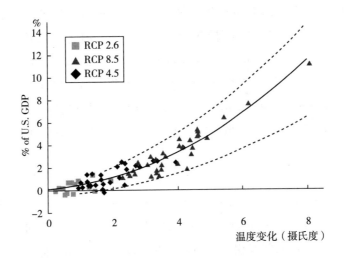

图 2　美国气候变化造成的直接经济损失

注：RCP（Representative Concentration Pathway）表示人为温室气体排放的情景。

［资料来源：Hsiang, S. R., A. June, J. Rising, M. Delagado, S. Mohan, D. J. Rasumussen,
R. Muir－Wood, P. Wilson, M. Oppenheimer, K. Larsen, and T. Houser（2017）.］

　　Ricke 等（2018）研究认为，美国的碳排放每年给美国经济造成约 2 500 亿美元的损失，即每吨 CO_2 排放约 50 美元。这一估算比美国环境保护署（EPA）的估算值高得多，但是即使以每公吨 CO_2 10 美元的社会碳成本计算，美国每年的经济损失也将达到 500 亿美元。[①]

　　气候变化的全球经济影响开始显现。在过去 10 年中，自然灾害造成的经济损失

———————————

　　① 据美国环境保护署估算，仅对美国而言，碳排放的社会成本为每公吨 1～10 美元［参见 EPA（2017）的表 3－7］。这仅指在美国境内发生的损失，并使用 3% 和 7% 的折现率来评估长期的成本和收益。美国环境保护基金（The Environmental Defense Fund）表示，目前碳排放社会成本的核心估计约为每吨 40 美元［参见EDF（2019）］。

有 7 年超过了 30 年平均水平。自 20 世纪 80 年代以来，每年极端天气事件的数量平均增加了两倍多（Munich Reinsurance Company，2018，2019）。另外，这些风险在较温暖的地区更严重，那里贫困国家更为集中。

四、金融监管者登场

鉴于气候变化风险和不确定性的普遍性，确保市场对金融体系和关键金融机构稳健性的信心至关重要。英格兰银行行长马克·卡尼（Mark Carney）率先打破气候变化问题僵局。2015 年和 2018 年，英国审慎监管局（PRA）分别发布报告谈到气候变化对英国保险业的影响。2019 年 3 月，卡尼（Carney，2019）表示，保险公司对气候变化对其保险责任构成的风险进行仔细的评估，但对其投资资产采取肤浅的方法，是一种认知失调（Cognitive dissonance）。2018 年和 2019 年，PRA 处理了气候变化对英国银行业的影响。PRA 和英国金融行为监管局（FCA）成立了气候金融风险论坛（the Climate Financial Risk Forum，CFRF），以支持将气候因素纳入保险、再保险公司、建房互助协会和 PRA 指定投资公司的财务决策，并对监管框架进行修改。

2015 年，马克·卡尼领导的金融稳定委员会（FSB）成立了气候相关金融信息披露工作组（Task Force on Climate – related Financial Disclosure，TCFD），由迈克尔·布隆伯格（Michael Bloomberg）负责。2017 年，TCFD 提出针对所有融资公司自愿披露重大、决策可用的气候相关金融风险的建议。2017 年，花旗等 100 余家公司率先签署支持 TCFD 建议的声明。

花旗集团《2018 年全球公民报告》记录了花旗与其他 15 家主要银行以及联合国环境融资倡议（UN Environment Finance Initiative）共同参与银行业试点项目，以实施与气候情景分析相关的 TCFD 建议（见表 1）。TCFD 建议建立气候相关信息披露指导，使发行人、投资者、银行、保险公司和监管机构更有效地披露气候相关信息，促进更合理的投资、信贷和保险承保决策，使利益相关者更好地了解与碳相关的金融资产及面临的气候风险（TCFD，2017）。报告还提出了四项披露建议，分别是治理、战略、风险管理、指标和目标。报告还适用于能源、运输、材料以及建筑物、农业、食品和林产品等非金融企业。这些非金融企业在温室气体排放、能源和水资源的使用中占比最大。

表1 花旗集团 TCFD 银行试点结果摘要

过渡风险		
情景*	关键假设	影响：2030—2040 年**
2℃	碳价格 2030：\$68 2040：\$111 • 化石燃料的使用在整个世纪都在继续，但随着新能源的出现，使用化石燃料的比例在下降 • 2030 年后，碳捕获和储存将实现商业化 • 随着电动汽车的普及和交通电气化需求的增加，电子产品的价格也随之上涨 • 在短期内，石油和天然气将取代煤炭，随着运输需求的增长，石油仍将是重要的运输燃料	公用事业 • 受监管的低碳公用事业：评级下调 1 级 • 受监管的重碳公用事业：评级下调 1～2 级 • 不受监管的低碳公用事业：评级下调 1～2 级 • 不受监管的高碳公用事业：评级下调 2～3 级 石油和天然气勘探和生产 • 海上：没有变化 • 页岩和非常规能源：没有变化 • 传统能源：没有变化
1.5℃	相同的假设，但碳价格更高 2030：\$117 2040：\$190	石油和天然气勘探和生产 • 海上：评级下调 1～2 级 • 页岩和非常规能源：评级下调 1～2 级 • 传统能源：没有变化
物理风险		
情景	影响：2040 年	
2℃	公共事业 • 国内生产总值下降幅度为 9.5%～15.1%，截至 2040 年，年均下降 11%，该下降主要由气候变化导致 • 近半数企业由于经济增速下降评级被下调 1 级	
1.5℃	公共事业 • 国内生产总值下降幅度为 10.7%～15.1%，截至 2040 年，年均下降 13.2%，该下降主要由气候变化导致 • 近半数企业由于经济增速下降评级被下调 1 级	

注：＊表示所用情景及产出来源于 PIK 的 "REMIND CD－LINKS" 情景。

＊＊表示评级结果根据花旗内部信用评级方法计算。

资料来源：Citigroup Global Citizenship Report 2018。

2017 年，法兰西银行联合多国央行和监管机构（目前包括 34 名成员和 5 位观察员）成立了央行和绿色金融监管机构网络（NGFS）。NGFS 在其首份综合报告中呼吁将气候变化视作金融风险的来源，并提供六项政策建议（NGFS，2019；Villeroy de Galhau，2019）：一是将气候相关风险纳入金融稳定监控和微观监管；二是将可持续性因素纳入中央银行的自身投资组合管理；三是填补数据空白；四是提高认识和知识水平，鼓励技术援助和知识共享；五是实现稳健的、国际统一的气候和环境信息披露机制；六是支持建立经济活动分类体系。

NGFS还宣布了如下计划方案：（1）为监管机构和金融机构编制一份关于气候和环境的风险管理手册；（2）基于情景的风险分析自愿指南；（3）将可持续性标准纳入中央银行投资组合管理的最佳做法，尤其是在气候友好型投资方面。

NGFS还认为巴塞尔协议的三大支柱都应要求监管机构对被监管行业的气候风险管理进行干预和修改，有时甚至还不止于这些。

不难理解，与气候变化相关的金融风险为何会促使银行业监管机构遵循《巴塞尔协议Ⅲ》三大支柱采取行动。

首先来看第一支柱，如果银行与气候变化相关的风险敞口大于预期，那么银行将需要持有更多的资本。这既适用于减排风险，例如，对长期石油、天然气项目和搁浅资产的直接或间接敞口可能引发这一问题；也适用于气候变化的适应性风险，例如，对保险公司的风险敞口可能造成这一问题，保险公司承保的资产可能因气候变化而发生损失。

第二支柱涉及公司治理和风险管理。对银行而言，与气候相关的金融风险应由高级管理层和董事会定期处理。气候风险意识应在制定战略和重要的业务决策时予以考虑，这些决策涉及减排风险的搁浅资产风险、适应性物理风险。

第三支柱是信息披露的要求。如果没有充分披露银行在气候变化风险方面的直接或间接敞口，第一支柱和第二支柱将存在缺陷。确保管理层和董事会掌握有关气候变化风险的关键事实，将是第二支柱有效发挥作用、拥有充足资本金的必要条件。

银行机构已开始通过将气候变化因素纳入贷款决策，激励部分客户寻求有效的脱碳策略。最近，花旗等11家主要航运银行联合劳埃德船级社在内的许多行业战略合作伙伴，制定并实施了波塞冬原则（Poseidon Principles），旨在通过为船主和经营者提供财政激励，鼓励其探索各种脱碳技术和项目，以实施联合国国际海事组织（IMO）的温室气体战略。

IMO 2050年温室气体排放战略要求，2050年海运业将年度温室气体总排放量至少在2008年水平上减少50%。为实现这一目标，零排放船舶必须在2030年之前到位，这是一项艰巨的挑战。花旗等11个创始签署银行约占全球航运融资的20%，银行融资贷款总额约为1 000亿美元。波塞冬原则所推动的部分活动是教育性的，使运输公司意识到它们过去和现在对全球变暖的影响，以及该行业有效的脱碳策略。通过向船主和经营者提供财政激励措施，鼓励其采用低碳战略，使航运业将温室气体排放的外部性内在化。为使这一机制充分发挥作用，政府可采取有针对性的税收或补贴、"总量管制和交易"排放许可或监管限制等形式的预防措施。

自然灾害保险合同既包括基于赔偿的合同，也包括参数化保险产品，其支付基于某些可公开核实的指数，例如降雨量、温度水平或特定地点的地震裂度。当然，根据这种参数化保险合同收取的款项可能低于或超过保单持有人蒙受的损失——仍然存在未发现的"基础风险"。美国联邦政府自 1968 年起实施了国家洪水保险计划，为生活在洪灾高发地区的房主提供补贴保险。如果全球变暖增加了洪水泛滥的频率和严重程度，并导致洪水泛滥风险蔓延到迄今尚未受影响的地区，联邦政府的最后保险人角色则可能成为有意义的财务负担。各级政府还面临如下两种气候变化风险：一是政府拥有的实际商业和自然资产（包括房地产）的物理风险；二是气候变化导致的自然灾害对税收的间接负面影响。

由于巨灾债券（Cat Bonds）和类似证券的存在，债券市场监管机构也对气候风险产生了兴趣。巨灾债券是与保险挂钩的证券，正常时定期向持有人支付利息或本金，发生合同规定的灾难时向发行人赔偿损失。在后一种情况下，投资者可能会损失全部或部分本金或利息。巨灾债券的巨额赔付有四种可能的诱因：赔偿、行业损失、模型损失和参数化损失。

保险公司、再保险公司、巨灾基金、各国政府和世界银行等多边组织可能是风险转移到债券市场的有效途径。2019 年 6 月 17 日，流通中的巨灾债券达到创纪录的 388 亿美元，可通过活跃在巨灾债券市场的经纪商进行买卖。但是，对这些与保险挂钩的证券进行定价绝非易事，特别是全球变暖使得相关被保险自然灾害的基本分配功能正在发生变化，而且通常以不可预测的方式发生变化。其他可对冲全球变暖天气风险的金融工具还包括"天气担保债券"（Collateralized Weather Obligations），可以通过汇集适当的巨灾债券并进行交易来构建（Habahbeh，2019）。

重要的是，金融创新不能远超出金融监管机构和监管者的能力。国际金融危机后，监管套利仍有广泛空间，包括跨境监管套利。美国的州保险监管机构负责监督美国保险和再保险公司发行的巨灾债券。作为巨灾债券发行中介的特殊目的工具（SPV）设在百慕大等国家，并受本地监管机构监管。如果 SPV 的投资者位于伦敦，那么除了美国和当地监管机构之外，还将涉及另一国家的监管机构。如果最终发行人和最终持有人都保持全球多元化，巨灾债券市场和其他 ILS 市场作为风险分担工具的经济效用将得到广泛增强。欧盟偿付能力标准 II（Solvency II）的全球版，作为巴塞尔协议 III 的全球版在保险业的应用，将有助于扩大巨灾债券市场目前有限的市场规模。

气候变化、全球变暖以及洪水等自然灾害的发生频率和严重程度有所增加，可能会潜在影响美国 30 年期固定利率抵押贷款等传统市场。贷款人希望抵押品是安全的或具有适当保险的；借款人（和财产所有人）必须与保险公司达成协议，以准确反映财产遭受物理损坏的风险。

全球变暖可能会改变其破坏性结果的分布，其方式很难预测。某些财产可能无法保险，因此不能作为贷款的抵押品。如果发生这种情况，扩大美国国家洪水保险计划范围和规模的压力必将增加。

股权类产品可以作为交易和分担风险的有用工具，其中包括与气候变化有关的风险。股票市场风险共担的个人利益和社会利益，取决于发行人和持有人对发行实体所面临的风险（包括与气候变化相关的风险）的性质、规模和可能性的评估。

证券监管部门应要求所有上市公司定期发布其面临气候相关风险，更理想的是对上市公司实施全球统一的巴塞尔协议Ⅲ的强制性信息共享机制。但要达成这一共识还有很长的路要走。

五、结论

搁浅资产问题的严重性始终存在不确定性。这种风险中有多少是由市场定价，并被碳密集型非金融公司、银行、其他资产管理公司和保险公司所认同？类似地，与持续全球变暖相关的有形资产破坏规模存在不确定，且难以估价。

金融监管机构正在将气候变化风险的评估和量化作为正常操作程序的一部分。或许，这次确实不同以往，在充分认识到新的风险类别之前，对其进行适当的识别和管理。但是，债券市场和股票市场上活跃的发行人、投资者和做市商在提供与气候风险信息方面仍缺乏进展，这令人担忧。

最后，各国央行越来越意识到，气候变化风险可能成为现实，并对总需求和潜在产出产生抑制作用，最终导致滞胀性冲击：推高通货膨胀并降低产出。气候变化风险不仅与中央银行的金融稳定任务有关，也关系到货币政策是否能实现物价稳定和充分就业的双重目标，这很可能导致货币政策传导时效和预测时间的延长。私营部门有必要注意这些信息，并据此调整其商业模式。气候变化带来的金融风险将持续存在，要么现在做好准备，要么日后付出代价。

理论实践

系统性金融风险评估方法研究综述及启示

周军明　李艳丽[①]

摘要： 为从宏观审慎角度研究建立系统性风险监测、识别和评估体系，本文借鉴以往相关研究经验，从系统性风险定量评估方法的角度，梳理了相关文献。在此基础上，提出测度系统性金融风险时应把指标法和数理模型法两种方法有机结合，形成模板后统一推行。

关键词： 系统性　金融风险　评估

防范系统性金融风险已成为国际金融危机后国际社会普遍达成的基本共识。十九大报告提出要"健全货币政策和宏观审慎政策双支柱调控框架"，强调"守住不发生系统性金融风险的底线"，并将防范化解重大风险尤其是重大金融风险摆在打好三大攻坚战的首位。为从定量角度监测、识别和评估系统性金融风险，本文借鉴以往相关研究经验，梳理了相关文献。目前系统性金融风险定量评估方法以基于市场数据的数理模型法为主，大致包括或有权益分析法、期望损失法、条件在险价值法以及多种研究方法综合运用。每种研究方法均以一定的理论机理为基础，在此基础上探讨风险来源、传播路径等，然后设计相关评价指标、评估模型进行定量分析，进而进行风险监测、评估和预警等。

一、系统性金融风险的定义、成因及传导机制

目前学界对系统性金融风险的定义并不唯一，王朝阳（2018）在参考已有文献的基础上对系统性金融风险进行了归纳，认为系统性金融风险是由金融脆弱性等内

---

① 作者简介：周军明，李艳丽，均供职于中国人民银行营业管理部。本文只代表作者本人观点，与所在单位无关。

部因素或者政策调整、宏观经济波动等外部因素引起，能够通过机构间关联网络进行传播扩散，同时会引发金融功能失灵、市场恐慌蔓延并最终导致宏观经济严重受损的风险。

不同学者分别从金融脆弱性、经济金融周期性因素、政策错误与监管漏洞、市场主体的非理性等角度对系统性金融风险的成因进行了研究，周小川（2017）认为系统性金融风险具有隐蔽性、复杂性、突发性、传染性、危害性等特点。陶玲（2016）将系统性金融风险产生的原因归纳为内部和外部两大因素，将传导机制归纳为内部传导和跨境传导，将扩散机制归纳为信贷紧缩机制、流动性紧缩机制和资产价格波动机制。范小云（2011）认为那些边际风险贡献较大、杠杆率较高的金融机构，包括商业银行、证券公司等，对我国系统性金融风险的影响更大。

中国人民银行、中国银保监会共同下发的《系统重要性银行评估办法（征求意见稿）》定义系统重要性是指金融机构因规模较大、结构和业务复杂度较高、与其他金融机构关联性较强，在金融体系中提供难以替代的关键服务，一旦发生重大风险事件而无法持续经营，可能对金融体系和实体经济产生不利影响的程度。因此可以定义系统性金融风险是指由系统重要性金融机构引发的风险。

二、系统性金融风险评估方法

系统性金融风险与系统重要性金融机构紧密相连，系统重要性金融机构的识别方法主要有两类，一类是指标法，即直接给出界定系统重要性金融机构的核心指标，如规模、关联性、可替代性、经营范围和复杂性等指标，同时辅以适当的监管调整，通过记分排名确定单个金融机构的系统重要性。国际货币基金组织、金融稳定理事会和巴塞尔银行监管委员会评估系统重要性金融机构时均使用该方法，目前，中国人民银行、中国银保监会共同下发的《系统重要性银行评估办法（征求意见稿）》中，对系统重要性金融机构的评估采用的也是该方法。另一类是市场法，即利用金融机构相关指标市场波动数据，基于风险管理模型，衡量单个金融机构对整个体系的风险贡献程度，但该种方法难度较大应用较少。

近年来，关于系统性金融风险的定量评估分析方法也不断出现。毛建林等（2015）将系统性金融风险的度量归为两类，一类是基于宏观经济变量及资产负债表数据的体系评估法，即通过观测一些经济指标和金融体系资产负债表相关数据的变化情况来反映风险，如美国的 CAEL 和 CAMEL 体系法，就指标的选取、合成进行深入研究，该方法类似于上文提到的指标法，该方法简单明了。另一类是基于市场数据，通过构建相关的数理模型，运用计量方法来衡量风险。由于计量模型复杂、对时间序列数据要求较高而在实践上操作难度较大，但该方法在识别度方面更有优势，因此受到学界的追捧。

数理模型方法具体包括或有权益分析法（CCA）（孙洁，2010）、扩展的 SCCA 方法（巴曙松等，2013），以及将 CCA 方法与最大熵方法和网络理论模型方法相结合（宫晓琳，2012b）等；期望损失（ES）方法及扩展的成分期望损失（CES）方法（朱波等，2016；张天顶等，2017）；条件在险价值方法（CoVaR）以及与其他模型相结合的新方法（陈建青等，2015；严伟祥等，2017）等。

很多学者在研究系统性金融风险时不断地对风险理论、模型方法和样本数据等进行扩展与改进，部分参考文献测度方法如下。

（一）或有权益分析法（CCA）及扩展方法方面

CCA 方法起源于 Black 和 Scholes（1973）、Merto（1973）对期权定价理论模型的开创性研究。Gray、Merton 和 Bodie（2003、2007）将期权定价理论引入资产负债表，成功拓展了该方法的运用范围，将其用于衡量宏观层面的金融风险。CCA 方法的精髓在于提出了未定权益的概念，即未来收益取决于其他资产价值的资产。通过将资产负债表数据和市场数据相结合，构建出经济资产负债表并运用期权定价理论对风险进行整体分析。它主要基于以下三个假设展开分析：一是负债价值基于资产，二是资产价值服从随机过程，三是权益具有不同的优先等级。

毛建林等（2015）运用 CCA 方法对 2007—2013 年银行体系系统性金融风险进行实证分析，样本范围为全部银行业金融机构。为计量银行体系的系统性金融风险，将各银行机构视为一个整体，在当前政府对银行体系仍进行隐性担保的现实背景下，构建起整个银行体系的经济资产负债表，即资产 = 股权 +（账面债务 - 政府隐性担保），运用 CCA 方法计算违约距离（DD）、政府隐性担保（P_t）等指标，进而实现对银行体系系统性风险的刻画。运用该计量模型测度金融风险得出结论：自 2012 年第三季度开始，我国银行体系的系统性金融风险呈现逐步增大的态势，到 2013 年第三季度并没有发生趋势性的改变，建议进一步提升我国银行机构的资本实力，降低杠杆率，健全逆周期的宏观审慎管理制度框架，开发管理系统性金融风险的政策工具。

范小云（2013）先是利用或有权益分析法（CCA）从时间维度上构建了可以用来测度金融部门系统性风险的指标，度量金融体系的系统性风险及其周期性特征，然后在横截面维度上采用有向无环图技术（DGA）以及基于 DGA 结果的预测方差分解考察各银行之间的风险外溢情况，从时间和横截面两个维度对我国银行系统性风险进行测度以及对系统重要性银行进行鉴别，得出结论：建设银行、工商银行、中国银行、交通银行等国有商业银行的系统重要性最高，股份制商业银行次之，城市商业银行的系统重要性相对较低。

（二）期望损失（ES）方法及扩展方法方面

国际金融危机爆发后，Acharya 等（2010）将测度单个金融机构风险的方法——期望损失（ES）推广到整个金融系统，提出了利用金融机构的边际期望损失（MES）和系统性期望损失（SES），测度市场未发生金融危机时和系统性危机时期金融机构对整个金融系统的风险（或损失）的边际贡献程度。

范小云等（2011）利用系统性期望损失（SES）和边际期望损失（MES）方法，在横截面上测度了我国金融部门的系统性风险以及单个金融机构的边际风险贡献程度，同时采用滚动固定窗口的方法考察了我国金融机构和金融部门的边际风险贡献在时间维度上的动态变化。结果表明，非危机时期对金融系统边际风险贡献较大、杠杆率高的金融机构，危机期间其单位资产对我国整个金融系统的边际风险贡献较大，造成的外部性较强。

张天顶等（2017）利用成分期望损失（CES）方法对我国上市银行的系统性风险进行了度量，同时采用贝叶斯模型平均 BMA 方法解决传统回归中的模型不确定性，发现银行规模、股权市账比及系统重要性地位与系统性风险显著正相关。

（三）条件在险价值方法（CoVaR）及扩展方法方面

为构建考量风险外溢效应的分析模型和测度方法，有关学者在对 CaViaR 及分位数回归研究的基础上，构建了 CoVaR 模型来捕捉和度量金融机构间的风险溢出效应。CoVaR 作为总风险是无条件风险与溢出风险的综合，其中"Co"代表条件性和传染性，是指某金融机构或市场遭遇极端风险时对其他机构或市场造成的在险损失值。该方法能有效准确度量不同金融市场间的风险外溢效应，被各国学者广泛运用，但该方法最大的缺陷是不具备可加性，即金融系统内所有个体的 CoVaR 的总和并不是整个系统的 VaR。

陈建青等（2015）利用银行、证券、保险行业指数，分别建立静态与动态 CoVaR 模型，静态分析结果表明银行业、证券业、保险业风险增加都会使其他金融行业的风险增大，无论在普通风险还是极端风险状态下，银行对证券的风险边际溢出效应均为最强，保险的风险边际溢出效应强于证券的风险边际溢出效应；动态分析结果表明在正常风险水平下金融行业间的风险外溢效应与经济的繁荣程度正相关，在极端风险水平下银行业、保险业等对其他金融行业的风险外溢程度并不随经济形势变动而变动。

严伟祥等（2017）选取银行业、证券业、保险业、信托业、金融期货作为分析对象，利用DCC—GARCH模型刻画我国金融风险动态关系，再将该模型的估计结果嵌入CoVaR方法中，度量各金融行业和金融期货的条件在险价值和边际风险溢出，结果显示：金融行业间存在很强的风险溢出效应，但是不同的行业对其他行业的风险溢出程度存在动态变化；证券业对其他金融行业的平均风险溢出贡献最大；银行业对其他金融行业的平均风险溢出贡献较小；金融期货在市场稳定期对金融行业的风险溢出贡献小，不稳定时期的风险溢出贡献最大。

田娇等（2015）采用动态CoVaR法测算银行个体风险对系统性风险的贡献程度，采用CCA法衡量我国宏观金融风险，再通过联立方程组结构模型，研究资本约束下系统性风险传递过程，认为核心资本充足率可以抑制银行风险溢出效应，普通资本充足率可以吸收系统性金融风险。

（四）网络模型法

网络模型法中具有代表性的两类测度方法是矩阵法和网络分析法。网络分析法（Network Analysis Approach）是利用银行间的双边资产负债敞口，通过模拟银行网络体系中单个或多个银行作为系统性风险诱发因素导致的银行破产数量、破产损失以及诱发系统性危机的难易程度，衡量银行体系的传染风险，以及单个银行对银行部门的系统性风险贡献和相对系统重要性程度。

该方法大多用于分析风险在金融机构间的传导以及各金融机构的系统性风险贡献度（章和杰，2019），在国外应用较多，在国内研究较少。杨子晖等（2018）采用VaR、MES、CoVaR以及ΔCoVaR四类风险测度方法，对我国A股56家上市金融机构和房地产公司的系统性金融风险展开研究，并结合前沿的风险溢出网络方法，从静态与动态两个研究角度考察了我国金融风险的跨部门传染。

（五）其他方法

也有学者利用宏观压力测试方法、GARCH族模型、向量自回归模型VAR等方法以及多种研究方法相结合，进行风险测度。

陶玲等（2016）结合我国转轨体制特点和当前系统性金融风险状况，提出了包含金融机构、股票市场、债券市场、货币市场、外汇市场、房地产市场和政府部门7个维度的系统性金融风险指标池，然后通过主成分分析和结构方程模型筛选出显著性较高的指标，进而通过综合评价技术构造出系统性金融风险综合指数（CIS-FR），再采用马尔科夫状态转换方法对综合指数进行了实证分析，构建了一个既可以综合分析整体风险，又可以进行局部研究的系统性金融风险监测和度量方法。该方法类似于前文提到的指标法。

王桂虎等（2018）运用系统 GMM、面板 Logit 等模型研究了宏观杠杆率、结构性扭曲和系统性金融风险之间的关系，结果表明宏观杠杆率偏低时对经济自由度较为有利，在宏观杠杆率拐点后阶段会增加金融危机爆发的概率。

赵胜民等（2019）利用面板向量自回归（PVAR）方法，研究了宏观金融风险和微观银行风险行为的关系，认为系统性银行的主动风险承担对宏观金融风险的影响较大，而非系统性银行的经营风险对宏观金融风险的影响较大。

三、结论及启示

研究目的、理论机理、样本数据等均影响模型方法的建立和使用。已有参考文献多数是在学术角度对系统性金融风险相关内容进行的探讨，理论基底、样本数据、模型方法均或多或少地存在某些局限性，与实际监管口径不一致。如监管部门指出系统性风险主要来自时间维度上的顺周期积累和结构维度上的跨机构、跨部门、跨市场、跨境传染和冲击，已有参考文献或者只从时间维度进行了度量，或者只从结构维度进行了度量，理论基础相对薄弱；虽然也有兼顾时间和结构两个维度的研究，但分类方法和指标选择以及样本数据可得性相对薄弱，已有文献评估基础不足。

综上所述，无论是系统重要性金融机构的识别还是系统性金融风险的定量评估均有指标法和数理模型法两种方法，其中指标法简单、明了、直观、透明，通常被政府机构或监管部门使用，数理模型法在实践上操作难度较大，不易统一，但识别度较高，更受到学界的青睐。因此，在测度系统性金融风险时应把指标法和数理模型法两种方法有机结合，在细节或过程方面采用数理模型，待确定好自变量或影响因素后，再使用指标法，形成模板后统一推行。

参考文献

［1］郭娜，彭玉婷，徐卉杉．我国系统性金融风险与"双支柱"调控有效性研究——基于 DSGE 模型的分析［N］．中央财经大学学报，2019（10）：30－40.

［2］章和杰，施楚凡，金辉，章鑫．系统性金融风险测度与预警模型——一个研究综述［J］．现代管理科学，2019（9）：68－71.

［3］韩超，周兵．基于时变 Copula－CoVaR 商业银行系统性金融风险溢出分析［D］．西南师范大学学报（自然科学版），2019，44（8）：72－77.

［4］赵胜民，何玉洁．宏观金融风险和银行风险行为关系分析——兼论宏观审慎政策和微观审慎监管政策的协调［N］．中央财经大学学报，2019（6）：33－44.

［5］朱敏，吴康成．防范系统性金融风险视角下货币政策与宏观审慎政策协调研究［J］．财会学习，2019（5）：213．

［6］王桂虎，郭金龙．宏观杠杆率与系统性金融风险的门槛效应——基于跨国面板数据的经验研究［J］．金融评论，2019，11（1）：112－122＋126．

［7］吴康成，朱敏．中国系统性风险测度——基于中国金融体系的研究［J］．财会学习，2019（4）：156．

［8］杨扬，徐汇．金融市场银、证、保系统性风险传导和溢出效应研究——基于静、动态CoVaR模型分析［J］．区域金融研究，2018（12）：25－32．

［9］王桂虎，郭金龙．宏观杠杆率、结构性扭曲与系统性金融风险——基于跨国面板数据的经验研究［J］．证券市场导报，2018（12）：25－31．

［10］杨子晖，陈雨恬，谢锐楷．我国金融机构系统性金融风险度量与跨部门风险溢出效应研究［J］．金融研究，2018（10）：19－37．

［11］王朝阳，王文汇．中国系统性金融风险表现与防范：一个文献综述的视角［J］．金融评论，2018，10（5）：100－113＋125－126．

［12］孙鹏，程春梅．我国银行业、证券业、保险业的系统性金融风险溢出效应研究［N］．辽宁工业大学学报（自然科学版），2018，38（2）：132－135．

［13］周小川．守住不发生系统性金融风险的底线［J］．中国金融家，2017（12）：13－16．

［14］严伟祥，张维，牛华伟．金融风险动态相关与风险溢出异质性研究［J］．财贸经济，2017，38（10）：67－81．

［15］张天顶，张宇．流动性剩余、流动性风险与银行业系统性风险测量［J］．金融监管研究，2017（3）：14－28．

［16］张天顶，张宇．模型不确定下我国商业银行系统性风险影响因素分析［J］．国际金融研究，2017（3）：45－54．

［17］陶玲，朱迎．系统性金融风险的监测和度量——基于中国金融体系的研究［J］．金融研究，2016（6）：18－36．

［18］陈建青，王擎，许韶辉．金融行业间的系统性金融风险溢出效应研究［J］．数量经济技术经济研究，2015，32（9）：89－100．

［19］田娇，王擎．银行资本约束、银行风险外溢与宏观金融风险［J］．财贸经济，2015（8）：74－90．

［20］毛建林，张红伟．基于CCA模型的我国银行系统性金融风险实证研究［J］．宏观经济研究，2015（3）：94－102．

［21］范小云，方意，王道平．我国银行系统性风险的动态特征及系统重要性

银行甄别——基于 CCA 与 DAG 相结合的分析 [J]. 金融研究, 2013 (11): 82 - 95.

[22] 范小云, 王道平, 方意. 我国金融机构的系统性风险贡献测度与监管——基于边际风险贡献与杠杆率的研究 [J]. 南开经济研究, 2011 (4): 3 - 20.

[23] 范小云, 曹元涛, 胡博态. 银行系统性风险测度最新研究比较 [J]. 金融博览, 2006 (3): 32 - 33.

商业银行支持战略性新兴产业业务创新对策

冯静生　顾大笑①

摘要： 经过近十年的发展，我国战略性新兴产业迅速崛起，规模快速壮大、产业水平开始迈向中高端。本文从战略性新兴产业发展特点及融资需求入手，分析商业银行在支持战略性新兴产业中存在的困难和问题，通过借鉴国外同业经验，结合政策环境及产业发展趋势，从商业银行自身业务发展和外部跨界合作等视角，探索商业银行支持战略性新兴产业的业务模式创新对策。

关键词： 商业银行　战略性新兴产业　业务模式创新

一、战略性新兴产业的现状及发展趋势

2010 年 10 月，国务院颁布《关于加快培育与发展战略性新兴产业的决定》，确定大力发展战略性新兴产业。2010 年 12 月，中央经济工作会议中正式提出了"加快培育和发展战略性新兴产业"的总体思路，明确指出重点培育和发展节能环保、新一代信息技术、生物、高端装备制造、新能源、新材料和新能源汽车七大产业和 23 个重点方向。2016 年底，国务院正式公布《"十三五"国家战略性新兴产业发展规划》，强调以创新引领发展，产业增速全面回升，并呈现出以下发展趋势。

（一）产业规模扩大，盈利能力提升

从产业增加值看，根据中国工程院发布的《2017 中国战略性新兴产业发展报

---

① 作者简介：冯静生，就职于中国农业银行安徽省分行；顾大笑，就职于中国农业银行蚌埠新城支行。

告》，截至"十二五"末，战略性新兴产业增加值占国内生产总值的比重达8%左右，较2010年接近翻番。2017年底，预计战略性新兴产业增加值占GDP的比重达到10%左右。《"十三五"国家战略性新兴产业发展规划》（以下简称《规划》）提出"十三五"时期要将战略性新兴产业摆在经济社会发展更加突出的位置。在《规划》的指引和各项配套政策的支持下，战略性新兴产业增加值逐年上升，预计2020年，战略性新兴产业增加值增速将达到20%左右，约3倍于同期GDP增速，产业增加值将达到15万亿元，占GDP比重为15%（见图1）。

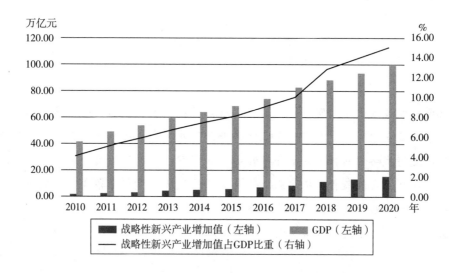

图1　2010—2020年我国战略性新兴产业增加值及占比

（资料来源：国家统计局。）

从企业收入看，2010—2015年，战略性新兴产业27个重点行业规模以上企业收入年均增长17.8%。2016年战略性新兴产业27个主要行业主营业务收入达19.1万亿元，同比增长11.3%，新兴产业中一部分新动能加快蓄积（见图2）。2017年1~7月，战略性新兴产业27个重点行业营业收入达到11.6万亿元，同比增长13.8%，增速较上年同期提高2.3个百分点。产业利润率方面，据统计战略性新兴产业上市公司利润率达9.8%，高于非战略性新兴产业类公司2.6个百分点，产业盈利能力逐年提升。

（二）产业结构优化，呈高端化发展

科学技术的发展和广泛渗透为战略性新兴产业迈向中高端提供了技术支撑。通过对先进技术的应用，战略性新兴产业摆脱了技术含量低、产品同质化的发展阶段，产业结构不断优化，置于价值链微笑曲线两端的产业得到培育和发展，研发制造和

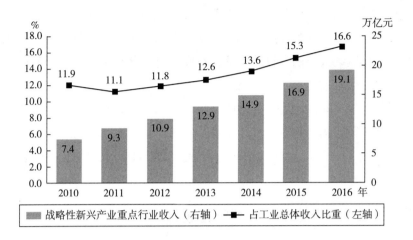

图2 战略性新兴产业重点行业收入及其占工业总体比重

(资料来源：国家信息中心。)

营销售后等高科技企业如雨后春笋般涌现，产业附加值不断提高，呈现出高端化发展态势。

高端装备、新能源、生物、现代服务业等领域发展迅速，已形成国际竞争优势。特别是高端装备制造业实力显著增强，高铁、通信、航天装备、核电设备等企业竞争力进入国际市场第一方阵。新能源汽车、工业机器人、集成电路等重点产品产量增幅均超过20%；分享经济领域涌现出一批具有国际影响力的企业和产品，制造业与互联网加快融合，软件和信息技术服务业增长14.9%；新一代信息技术产业将成为国民经济支柱产业，下一代通信网络、移动互联网、物联网、高性能集成电路、云计算、人工智能、大数据、区块链等将进入发展快车道。

（三）产业融合发展深化，创新能力增强

当前我国已进入产业融合深度发展阶段，多领域融合态势日趋明显。对战略性新兴产业来说，产业融合发展突出表现在以下三个方面。

首先是与信息技术产业的融合。信息技术通过"互联网＋"快速向战略性新兴产业扩散和渗透，拓宽了产业发展空间，改变了企业面临的市场结构，激发了企业内部的创新，促使产业创新能力显著增强，创新成果不断增多。国家17项重大科技专项中，高档数控机床、机器人、大飞机以及航空航海发动机等，都是信息技术与产业融合发展的结果。

其次是军民融合。《"十三五"国家战略性新兴产业发展规划》明确提出，构建军民融合的战略性新兴产业体系。军民融合主要有军工依托、民口嵌入、互动共生三种类型，不同类型适用于不同产业。如核能发电技术诞生于军用核反应堆的军事

需求，适合军工依托型军民融合，军工企业是"龙头"；无人驾驶汽车、智能机器人等诞生于民用领域的新科技广泛运用于军事领域，适合民口嵌入型融合发展。在军民融合与创新驱动战略的有机结合下，军民融合创新体系必将为战略性新兴产业创新发展提供巨大推动力。

最后是与传统产业的融合。战略性新兴产业的培育发展与传统产业不是割裂开来的，二者是协同互动、融合发展的关系。传统产业为新兴产业发展提供生产要素，并通过注入新技术和新机制激发新活力，提高成长性和附加值，逐步转变为新兴产业。

（四）产业集聚化发展，区域特色显著

"十二五"期间，战略性新兴产业得益于集聚发展机制，首先在部分地区形成了一批具有国际领先水平的产业集聚区，并在全国广泛形成各有特色的产业集聚区。产业发展总体呈现出东部地区主导、中部地区崛起、西部与东北跟进的特征。从2017年上半年上市公司数据看，东部地区战略性新兴产业营收占比接近八成，在四大区域中位居绝对主体地位（见图3）；中部地区快速崛起，成为新增长极，上市公司营收增速达37.2%，远高于19.8%的平均水平。西部和东北地区有所回升，东北地区战略性新兴产业上市公司经营状况表现抢眼，营收增速从2016年同期的0.2%上升到2017年上半年的8.3%，提升8.1个百分点（见图4）。

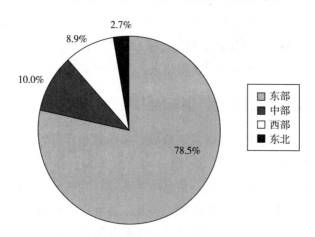

图3　2017年上半年战略性新兴产业上市公司营收占比

（资料来源：国家信息中心。）

《"十三五"国家战略性新兴产业发展规划》提出"坚持产业集聚发展"的原则，并对我国战略性新兴产业的区域集聚布局进行了统筹谋划。"十三五"期间，战略性新兴产业向主要创新中心和重要产业集中的势头将更加明显，区域特色更

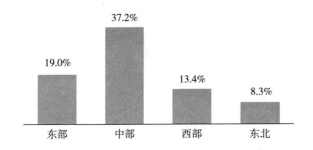

图4　2017年上半年战略性新兴产业上市公司营收增速

（资料来源：国家信息中心。）

为显著。产业集聚化发展将充分发挥北京、上海科技创新中心的高端引领作用，发挥国家自主创新示范区和高新区辐射带动作用，促进各地区更好地发挥自身资源优势，通过打造产业策源地，形成一批区域合作、产业链完善、创新能力强、特色鲜明的战略性新兴产业集聚区，利用集聚发展带来的溢出效应，推动产业更好更快发展。

二、战略性新兴产业融资的需求及现状

（一）战略性新兴产业融资需求

战略性新兴产业不同于传统产业，其战略导向性、突破创新性、关联辐射性和风险不确定性等特征，决定了其资金需求量大、投资周期长、潜在风险大、短期回报不确定性强等融资特点。战略性新兴产业也需经历培育期、成长期、成熟期和衰退期等生命周期的不同阶段，处于不同阶段的产业，其融资需求和融资方式侧重点不同，应分阶段来分析产业具体融资需求状况。

产业培育期，即种子期和初创期，企业产品不成熟，市场容量小、经营不确定性高，企业进行技术研发、人力资本、市场营销等活动需大量资金投入，但技术、市场、经营的不确定使企业普遍面临资产负债率较高、债务融资能力低等问题。这一时期，企业融资需求与商业银行要求的资金安全性不符，企业较难获得商业银行贷款支持，主要通过企业自筹、政府资本和风险资金等途径获得资金支持。产业成长期和成熟期，随着企业经营能力的提升，市场环境的改善，各种不确定性风险减少，投资回报较为稳定。这一时期，商业银行将加大对企业的扶持力度，成为企业融资的主要来源。企业处于不同生命周期阶段的资金需求情况和融资路径可参见表1和图5。

表1　　　　　　　　战略性新兴产业不同生命周期阶段的融资需求

阶段	经营特点	风险类型	资金需求
种子期	新产业刚刚诞生、成本高、需求小	技术风险、产品风险、市场风险	研发费用、营销费用
初创期			
成长期	市场需求快速上升、生产规模扩大、竞争激烈、兼并重组率高	竞争风险	购置设备扩大再生产费用、研发费用、营销费用
成熟期	形成一定垄断、进入壁垒高	自身经营风险	开拓市场、购置设备扩大再生产费用、研发费用、营销费用

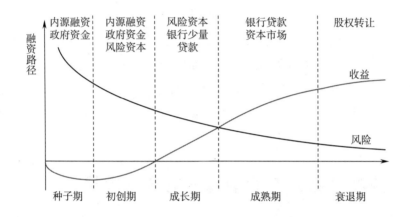

图5　战略性新兴产业不同生命周期阶段的融资路径

（二）战略性新兴产业融资现状

经过"十二五"期间的发展，部分战略性新兴产业逐步从培育期走向成长期。在"十三五"发展规划的指导下，政府扶持政策不断加码，财政支持力度加大，直接融资渠道增多，银行信贷规模增加，产业融资难的困境有所改善。以绿色信贷为例，根据银监会发布的数据，国内21家主要银行的绿色信贷从2013年末的5.20万亿元增长至2017年6月末的8.22万亿元。其中，绿色交通、可再生能源及清洁能源、工业节能节水环保项目贷款余额及增幅较大。中央财政支持方面，2017年1月，以支持初创期和早中期创新型企业为主的国家新兴产业创业投资引导基金正式运行，截至2017年底，引导基金通过参股314只创投基金，为2 744家创业企业提供了资金支持，参股基金注册范围覆盖了全国28个省，运行效果超出预期。

新时期战略性新兴产业重要性更加凸显，在产业规模不断扩大、产业结构持续优化和高端化发展的趋势下，产业发展从研发到生产到营销均需加大资金支持，融资方面面临更大挑战，特别是处于早中期的科创型中小企业融资矛盾更为突出。然而，从目前产业融资现状来看，仍存在一定程度的融资渠道不畅、融资体系不够健全等问题。

资本市场方面，多层次资本市场发展仍不完善，虽为科创企业提供了直接融资平台，但门槛较高，限制了新兴企业进入资本市场。创业板市场规模有限，与中小板及主板之间的转换通道尚未形成；加之债券市场不足、创投资本市场风险偏好低、投资风格相对保守等因素，资本市场对战略性新兴产业支持力度仍不够。

银行信贷方面，除了受到信贷投放规模限制，更受到银行主观能动性的约束。一方面，部分银行固守传统产业信贷经营，未充分认识到从新兴产业培育优质客户的重要性，服务新兴产业打造新利润增长点意识不强；另一方面银行缺乏具有专业技术及法律知识的人才，开展新兴产业业务具有一定难度，主观上存在动力不足的问题。客观上看，战略性新兴产业，特别是处于初创期的科创型企业，多为轻资产型，缺乏传统抵押物。而知识产权、专利权及股权质押、评估和交易体系尚不完善，银行针对新兴产业的差别化信贷机制尚未形成。在传统信贷机制的要求下，战略性新兴产业往往因达不到银行放贷条件，导致难以获得银行资金支持。不管是从主观还是客观来看，银行对战略性新兴产业的支持均有较大的提升空间。

三、商业银行支持战略性新兴产业发展的现状及存在的问题

（一）信贷规模增速较快，但需完善信贷机制

战略性新兴产业具有较高的成长性和发展潜力，成为各家商业银行在经济增速放缓，利率市场化深入推进，金融监管趋严的背景下对冲传统业务影响、调整业务结构、培育新利润增长点的重要着力点。商业银行开始加大对战略性新兴产业的支持力度，贷款规模呈现出快速增长的态势。根据银监会数据，2017 年前 10 个月银行业新增贷款 12.2 万亿元，制造业贷款增速比上年同期上升 1.6 个百分点，主要投向战略性新兴产业，战略性新兴产业贷款比上年同期增加 2 434 亿元，用于小微企业贷款同比增长 15.4%。

从商业银行贷款投向看，信贷支持主要集中在以大型企业为主的高端装备制造业、新一代信息技术产业；新材料、生物等行业中的中小企业仍然较难获得银行资金支持。这表明商业银行贷款仍以大型企业为主，且贷款行业覆盖面有限。这与银行现有信贷机制与战略性新兴产业资质不匹配有关，商业银行需根据战略性新兴产业特点，完善原有信贷机制，制定差异化信贷策略，优先介入产业化程度高的新能源、节能环保等设备制造业，跟进新能源汽车、物联网的研发应用。针对科创型中

小企业的融资需求，在风险可控的前提下，适当提高风险容忍度，在担保方式、利率定价、授信额度、风险控制、服务流程等方面进行优化调整。

（二）业务模式传统单一，需加大创新力度

近年来，为支持战略性新兴产业发展，商业银行在相关政策的支持下，陆续推出风险补偿金贷款、知识产权抵押贷款、园区批量贷款、银团贷款、投贷联动等服务模式，业务模式上以科技银行服务模式居多。然而科技银行自推出以来，受到知识产权抵押评估手续复杂等因素的影响，发展缓慢，业务规模不大。投贷联动作为一种致力于解决科技创新型企业融资难问题的方案，对商业银行在公司治理、业务创新、风险防控、跨界合作等方面都提出了较高要求，且目前仅批准了10家银行作为试点开展业务。无论是商业银行与风险投资机构合作模式、商业银行集团内部投贷联动模式还是商业银行设立股权投资，对多数试点银行来说，开展"股权+债权"业务仍处在初期和摸索阶段。投资银行业务对于商业银行来说起步较晚，业务发展存在专业性不强、产品同质化、受外部影响大等问题，还需从业务政策、平台搭建、人员配备等方面着手，加大创新力度，丰富业务模式，促进业务发展。

（三）产品服务针对性差，需加强定制化服务

商业银行对战略性新兴产业的服务起步较晚，产品和服务针对性较差。尽管有部分商业银行针对新兴产业企业"轻资产"特征开发了相应的产品，弥补了传统信贷产品的不足，然而随着战略性新兴产业的快速发展，产业结构不断优化，生命周期向前推进，其融资需求也随之变化，现有的银行产品和服务远远满足不了产业发展的需求。商业银行应加强对不同产业、不同发展阶段的调研分析，为企业提供定制化服务，充分运用金融科技手段创新产品和服务模式，打造差异化产品体系，满足客户多样融资化需求。

四、国外同业经验做法

国外对科技创新型企业发展的金融支持主要有三种模式：一是美国的资本市场主导模式；二是以日本与德国为代表的银行主导模式；三是以韩国、新加坡、印度为代表的政府主导模式。其中，日本、德国的模式需要政府的低息贷款、信用保证等直接支持。而美国风险银行的模式需要的政府支持相对较少，借鉴意义较大，可以美国投贷联动业务的开创者硅谷银行为例，借鉴其经验做法。

硅谷银行成立于1983年，其快速发展得益于20世纪90年代美国发达的金融市

场环境、较为宽松的政策环境以及不断涌现快速发展的科技创新型企业。其准确的战略定位、创新的业务模式和强大的风险防控措施等值得学习借鉴（见表2）。

表2　　　　　　　　　　　　　硅谷银行经验做法

	硅谷银行做法
战略定位	目标客户锁定三类中小企业：处于初创期和扩张期的中小企业；与创业投资公司合作的中小企业；特定行业的中小企业
风控策略	1. 与风险投资机构紧密合作
	• 只贷款给风险投资机构投资的企业，风险投资机构为硅谷银行过滤风险
	• 成为风险投资机构的股东或合伙人，高度掌握客户信息
	2. 专注的投资领域及专业的人才
	• 专注的领域：硅谷银行投资主要集中在软件、硬件、生命科学等五大行业
	• 专业的人才：匹配掌握科技创新型企业的商业模式和产业周期的专业团队，最大限度地规避市场与技术风险
	3. 严格的风险隔离措施
	• 专门的管理机构：专门成立公司管理创业投资基金，将创业投资与一般业务分割开来
	• 优化的项目组合：对项目按照行业、阶段、风险程度及地域空间的不同进行四种投资组合，以更好地分散风险
	4. 专业的贷前及贷后管理
	• 在贷款之前，硅谷银行通过各种途径做周详的调查
	• 对于不同风险级别的公司进行不同贷款金额限定
	• 对贷后资金进行紧密监控
服务策略	提供专业的、量身定制的服务，培养客户黏性
	1. 掌握客户需求：硅谷银行有专门懂行业的人才，能够深入而精准地把握客户需求
	2. 实现客户需求：硅谷银行根据客户发展阶段提供一揽子金融产品和服务
	3. 提供增值服务：硅谷银行通过在专业领域深耕细作，积累人脉和经验，为客户企业的发展提供更多增值服务
服务产品	涵盖直接融资、间接融资、专家咨询等完善的金融服务
	1. 对于初创型公司，提供SVB加速器服务：行业内专家、金融专家组成企业家服务小组进行专家咨询和指导服务；全面的金融产品和服务，包括创业贷款、公司财务管理、现金管理、投资银行服务
	2. 对于成熟型的公司，提供SVB公司金融服务：除了直接和间接的融资支持外，还有现金管理、投资银行服务、资产并购、国际银行服务

　　硅谷银行的经验做法对我国商业银行服务战略性新兴产业的启示在于三个方面：一是要制定清晰的战略定位，聚焦服务对象。其优势在于便于提高服务效率和服务质量。二是要制定严密高效的风控策略，加强风险管理。从整个服务流程、具体措

施及合作机构等方面入手，确保人才支持，做到全方位控制风险。三是要制定定制化的服务策略。加强客户需求分析，围绕客户需求完善产品类型，为客户提供个性化和专业化的综合型金融服务。

五、商业银行支持战略性新兴产业业务模式创新建议

综上分析，战略性新兴产业发展前景广阔，为银行转型发展提供了重要契机。为更好地支持战略性新兴产业，商业银行应把握产业发展阶段、发展特点和趋势，分析产业融资需求，紧跟国家政策利好，坚持以客户为中心，在授权政策、支持规模、专业团队、资源配置等方面加大对战略性新兴产业的支持力度，整合资源创新融资模式和产品服务。

（一）针对产业特点，建立差异化信贷机制

根据战略性新兴产业特点，对传统信贷模式进行改革创新，建立匹配战略性新兴产业特点的信贷机制。在贷前贷中贷后管理中，实施差别化的信贷管理和贷款评审机制，放宽贷款准入、信用评级等条件，在抵押担保、风险评估、产品开发、放贷流程等方面改进和完善，建立专门的信贷服务体系；抵押担保方面，采取更为灵活多样的方式，推进知识产权质押、股权质押、排污权质押、收费权质押、应收账款质押等一系列抵质押方式；风险评估方面，一方面借助大数据的应用或与科技公司合作，完善评估模型，提高风控能力，另一方面通过强化风险监测和预警，实施项目全周期风险管理，完善风险缓释机制等手段构建强大的风险防控体系。此外，加强与当地政府、投资、节能主管等相关部门合作，建立与战略性新兴产业主管部门的沟通协调机制，及时掌握产业技术风险变化趋势，并发布风险预警，防范和化解信贷风险，从而做到全方位、多部门联合防控并化解风险；产品开发方面，针对"轻资产"的科创型小微企业推出"超额抵押贷款""应收账款融资""信用增值贷""订单贷"等创新产品，解决企业在产业化过程中周转性、季节性、临时性的流动资金需要；放贷流程方面，借助金融科技缩短审批链条，提高信用审核自动审批率，增大获客有效性。

（二）针对企业不同发展阶段，创新服务模式

针对战略性新兴产业所处的不同生命周期阶段，探索相应的服务模式。针对种子期企业，开展创业指导和服务，提供管理、营销、财务、金融、政策等方面的知识和经验，并通过设立产业基金方式进行支持；针对初创期企业，不仅提供包括市

场定位、管理团队整合、商业计划精细化在内的创业指导，同时也提供一定的融资服务，如发展企业集合债、私募债等低成本的企业债券融资，或信用贷款、知识产权质押或技术股权质押等信贷融资；针对成长期企业，主要加大信贷支持，开发订单贷款、应收账款质押贷款、知识产权质押贷款、合同能源管理贷款等金融产品，或提供投贷联动服务；针对成熟期企业，可依托产业链"龙头企业"进行产业链上下游的开发和现金管理综合服务，并提供投资银行和资本市场等相关服务。

（三）针对不同业务，发展综合服务模式

从交易银行、投资银行、互联网金融等方面入手，结合战略性新兴产业融资特点，利用金融科技赋能银行业务，通过"线上＋线下"等多种手段，创新更多综合服务模式。

1. 创新股权期权等模式。商业银行可采用股权和期权等金融产品丰富金融服务。股权融资是战略性新兴产业的重要融资渠道，商业银行可以通过控股或者设立投资基金的形式，直接对战略性新兴产业进行投资，分享企业利润。此外，可以与信托公司进行合作，采用"信托＋理财"的方式解决战略性新兴产业的融资难题，即商业银行通过发行理财产品的方式实现资金筹集，委托信托公司对战略性新兴产业进行投资，既可以创新产品和服务，又可以利益均摊、风险共担。

2. 参与设立产业投资基金模式。商业银行可作为基金托管机构参与到政府主导或上市公司主导的产业投资基金中，与产业基金在股权投资方面开展业务合作。如银行与基金及上市公司共同设立并购基金；参与基金投资上市公司的债券融资及股权融资；提供产业基金支持的上市公司跨境收购业务。在与政府平台及国企的产业基金合作中，银行可以参与PPP业务为主要模式。绿色产业方面，可与社会资本开展绿色投融资，探索建立绿色担保基金。

3. "商行＋投行"模式。大力发展承销债券、为企业提供并购咨询、并购贷款、夹层融资、可转债投资等业务，并关注企业资产证券化的业务机会。通过加大在银行间债券市场发行企业债券的力度，为新兴企业融资降低成本。特别是在需求比较旺盛的并购方面，丰富并购金融产品线，从单纯的并购资金提供方向交易撮合、并购策划和资金筹集等并购承包商角色转变，为企业提供"融资＋融智"服务，提升并购重组金融服务能级。

4. 直接投资模式。商业银行可通过境外投行、信托公司、第三方投资机构、股东关联机构等渠道，介入对战略性新兴产业企业的直接投资，获取直接股权投资收益。

5. 供应链融资模式。以核心企业为担保，为其上下游中小企业提供融资，这是

为战略性新兴产业链中信用较低的中小企业提供融资支持的重要方式，对于产业发展具有重要意义。2017年10月，国务院公布了《关于积极推进供应链创新与应用的指导意见》，提出鼓励供应链核心企业、金融机构与人民银行征信中心建设的应收账款融资服务平台对接，发展线上应收账款融资等供应链金融模式。中国农业银行于2014年制定了关于印发《中国农业银行供应链融资业务管理办法》的通知，2018年下发了《关于加快推进产业链业务发展的意见》，同时各一级分行根据各自特点，借助数据网贷，创新了"云链""云信"等各类产品。各商业银行应在此基础上，进一步围绕战略性新兴产业龙头企业大力开展供应链融资创新。

（四）加强跨界合作，打造金融服务平台

随着商业银行经营环境的深刻变化，合作共赢成为商业银行未来发展中必须秉持的重要理念。除了从自身出发寻求业务创新与突破，跨界合作是商业银行探寻更多支持战略性新兴产业业务模式的重要渠道。如与政府部门、创投公司、非银行金融机构等开展合作，构建多位一体的融资合作机制，打造包括银行、政府、创投公司、担保公司和保险公司等利益相关方的综合性金融平台，为战略性新兴产业提供集信贷、投资、担保、保险、咨询等业务为一体的金融服务平台。

1. 与政府部门合作。与政府部门开展合作，共同创立风险池基金，由三方共担风险，通过与政府财政平台形成合力与互补，更好地利用和放大财政资金以及其他扶持资金的效能，或通过与地方政府设立风险补偿基金的模式，为银行分担贷款违约风险。

2. 与创投公司、担保公司、工业园区等合作。与创投公司、担保公司合作，通过标准化、流程化的运作方式共同为战略性新兴产业提供投资、信贷、担保等综合金融服务。合作各方根据战略性新兴产业的实际资金需求和融资方式偏好，按照一定的股权融资和银行贷款配置比例，为企业提供"投资＋贷款＋担保"的一揽子解决方案，满足企业对融资结构灵活性的需求，保障投贷保三方的权益。此外，针对科技型企业，商业银行还可与创业风险投资机构、担保公司和工业园区联动，构建银政合作平台、银投合作平台、银保合作平台和银园合作平台，形成科技企业金融一体化服务战略联盟。通过强化与政府、创投机构、园区和担保公司的合作，使科技金融服务平台在短时间内聚集更多国内外知名创投机构、创业园区、担保公司、会计师事务所、律师事务所、行业协会、行业研究机构等中介服务机构，打造出独具特色的科技金融综合服务平台。

3. 与保险、券商、融资租赁等金融机构合作。与保险、券商、融资租赁等非银行金融机构合作，可在风险可控、监管允许的范围内，开展"产业＋金融"的增值

服务，构建撮合交易、防控风险和提供金融服务的平台。与保险公司合作，将银行的信贷优势同保险公司的经济补偿功能有机结合起来，以分散银行和企业的风险；与券商合作，可为新兴产业企业上市提供更多支持；与融资租赁公司合作，可为需引进大型机器设备的高端制造业企业解决资金缺口问题。合作各方可通过资源共享和优势互补，从传统业务出发，结合新兴产业融资需求，探寻更多便捷高效的业务模式，为战略性新兴产业的发展壮大提供更多金融支持，满足产业不断增加的融资需求。

参考文献

［1］陈明荣．战略性新兴产业金融支持效率研究——以甘肃省白银市为例［J］．甘肃金融，2017（5）：60 - 63.

［2］王智新．科技服务业与战略性新兴产业融合发展对产业升级的影响研究［J］．科学管理研究，2017（4）：15 - 17.

［3］陈海霞，朱杰堂．新常态下我国战略性新兴产业创新发展的路径研究［N］．郑州航空工业管理学院学报，2017 - 06 - 03（4）.

［4］胡云霞，刘琼．安徽省战略性新兴产业发展现状及融资问题研究［N］．长春理工大学学报（社会科学版），2016 - 07 - 04（2）.

［5］石璋铭．银行竞争——融资约束与战略性新兴产业技术创新［J］．宏观经济研究，2015（8）：117 - 121.

［6］齐子翔．战略性新兴产业金融支持研究——以北京中关村为例［J］．科技和产业，2013（11）：1 - 8.

［7］刘洪昌．战略性新兴产业高端化发展的产业培育模式及路径［J］．企业经济，2016（1）：140 - 144.

［8］董树功．协同与融合——战略性新兴产业与传统产业互动发展的有效路径［J］．现代经济探讨，2013（2）：71 - 75.

［9］曲永军，毕新华．战略性新兴产业发展中的实战误区及对策［J］．经济纵横，2014（5）：77 - 79.

［10］中华人民共和国中央人民政府网站［EB/OL］．http：//www. gov. cn/zhengce/content/2016 - 12/19/content_ 5150090. htm.

我国国际收支结构变化及趋势分析

卜国军　于静静[①]

2012 年以来，我国国际收支结构结束"双顺差"格局，2018 年第一季度经常账户出现较大规模逆差，表明我国国际收支结构可能迎来趋势性变化。本文比较借鉴了三类代表性国家不同国际收支结构的特点，在此基础上分析了我国国际收支结构变化的原因和趋势，并提出相应的政策建议。

一、国际收支结构变化的国际比较

（一）主要代表性国家国际收支结构的国际比较

由于政府宏观经济政策导向的差异，导致发达国家的国际收支结构及其演变历程各有特点。

1. 美国和英国：经常账户逆差、非储备性质金融账户顺差。[②]

从经常账户来看，自 20 世纪 80 年代以来均为逆差，1997 年亚洲金融危机前后，逆差大幅度增加，明细账户中，货物和服务贸易逆差的贡献较大，美国初次收入为顺差，英国初次收入为逆差。美国 2003—2008 年，经常账户逆差均超过5 000亿美元，2006 年达到 8 060 亿美元的历史高位；英国在 2007—2008 年、2012—2016年及 2018 年经常账户逆差均超过 1 000 亿美元，2014 年经常账户逆差近 1 500 亿美元。经常账户逆差体现出美国和英国对国外货物和服务的巨大需求。此外，工业化完成后，美国将大部分制造环节转移至国外，国内只保留研发设计等高端产业，工业产品依赖进口，成为经常账户逆差的重要原因。

---

① 作者简介：卜国军、于静静，均供职于中国人民银行营业管理部。
② 由于非储备性质金融账户是资本和金融账户的最主要部分，也是分析资本和金融账户时最关注的，所以在此不分析资本和金融账户中资本账户、储备资产的变化情况，下同。

从非储备性质金融账户来看，走势基本与经常账户相反。美国和英国都是发达的资本主义国家，且金融市场非常发达，具有伦敦、纽约等全球金融中心，因此能够吸引全球资本，使得非储备性质金融账户顺差较大。

2. 德国和新加坡：经常账户顺差、非储备性质金融账户逆差。

从经常账户来看，德国在 1991—2001 年出现过长达 11 年的小幅逆差，2002 年后转为顺差且规模不断扩大，2017 年达到 2 962 亿美元；新加坡自 20 世纪 70 年代以来均为顺差，2000 年以后顺差规模不断扩大，2008 年出现较大幅度下滑，随后较快恢复增长，2018 年达到 939 亿美元。明细项目中，德国初次收入为较大规模顺差，而新加坡则是逆差。德国在 20 世纪 90 年代初统一以来，大力发展工业和先进制造业，成为全球先进制造业最发达的国家之一，因此制造业相关产品的出口数量多，顺差较大。新加坡经济自 90 年代开始腾飞，不但注重发展国内工业产业园区，还大力发展港口贸易，货物和服务出口持续增加，经常账户顺差持续加大。

德国以及新加坡的经常账户持续顺差，加之资本市场开放程度较高，新加坡和法兰克福均是世界知名金融中心，资本充裕，能在全世界范围内进行投资以及资产配置，如直接投资、证券投资等，因此非储备性质的金融账户均为逆差。

3. 日本和韩国：经常账户持续顺差、非储备性质金融账户时顺时逆。

从经常账户来看，日本自 20 世纪 70 年代以来持续顺差，顺差规模总体呈上升趋势，80 年代末日本房地产市场泡沫破灭、1997 年亚洲金融危机、90 年代末美国互联网泡沫破裂以及 2008 年金融危机期间都出现一定程度的回落；韩国的经常账户在 1997 年至今一直保持顺差，2010 年后出现大幅增加，2015 年达到峰值 1 051 亿美元，2017—2018 年小幅回落。明细账户中，日本初次收入保持较大规模顺差，韩国初次收入余额较小。第二次世界大战后日本政府在美国的支援下，工业迅速崛起，培育了一大批知名世界 500 强企业，制造业产品出口规模大，加之不断扩大的境外投资收益规模，使其经常账户保持大额顺差。韩国也在出口导向下，政府大力发展工业，90 年代以来出口大幅增加，推动经常项目持续顺差。

从非储备性质金融账户来看，日本自 20 世纪 80 年代以来持续逆差，仅在个别年份出现小幅度顺差；韩国的非储备性质金融账户由 20 世纪 80 年代以来的小幅顺差逆差交替到 2010 年后呈现大幅逆差，1997—2010 年大多数年份呈现"双顺差"格局。

（二）主要代表性国家国际收支结构变化的经验借鉴

国际收支结构是经济发展阶段和经济发展模式共同作用的结果。上述发达国家都已经历我国现在的发展阶段，观察其国际收支结构的变化特点，可以为分析我国国际收支结构的变化提供以下借鉴：

一是德国、韩国等发达国家货物和服务贸易仍维持大额顺差，经常账户得以保持大额顺差。德国、韩国等发达国家制造业发达，在高新技术产品出口和服务出口方面具有较明显的比较优势，货物和服务贸易仍是经济发展的重要推动力，支撑经常账户保持较大规模顺差。

二是美国、德国和日本初次收入均逐渐成为经常账户顺差的重要来源。美国和日本都属于资本市场非常发达的国家，拥有纽约、东京这样的国际金融中心和大量世界500强企业，全球投资经验丰富，资本运作娴熟，资本和企业在全球范围内寻找投资标的，能在国际市场上获得较高的投资收益。

三是中国国际收支结构变化更类似日本和韩国。中国与日本、韩国同属于东亚地区，经济相关性比较高，经济结构较为类似。2018年，我国人均GDP接近1万美元，日本、韩国分别在20世纪80年代和90年代突破1万美元，目前中国的产业结构与80年代的日本、90年代的韩国相近。日本和韩国都已完成工业现代化转型，步入发达国家行列，中国未来也将逐渐完成产业转型升级实现现代化，国际收支结构变化过程可能与日本、韩国更为类似。

二、中国的国际收支结构变化及发展趋势

（一）中国国际收支结构的变化过程

根据国际收支经常账户和非储备性质金融账户的顺逆差变化，可将20世纪80年代以来中国国际收支结构变化分为三个阶段：

第一阶段：1982—1993年，经常账户和非储备性质金融账户有顺有逆，且波动幅度比较小；

第二阶段：1994—2011年，除1998年非储备性质金融账户逆差外，经常账户和非储备性质金融账户维持了双顺差；

第三阶段：2012年至今，经常账户维持顺差，非储备性质金融账户时顺时逆。2018年第一季度，经常账户出现较大规模逆差，且2018年经常账户顺差大幅收窄，经常账户与GDP之比降至0.4%，为1997年以来首次低于1%。

1982年至2018年，中国仅在1994年以前出现过5次经常账户逆差，1994年至2018年连续25年经常账户顺差，2008年达到4 206亿美元峰值。1982年至2018年，非储备性质账户出现过10次逆差，尤其是2015年和2016年，逆差均大于4 000亿美元，波动幅度明显变大（见图1）。

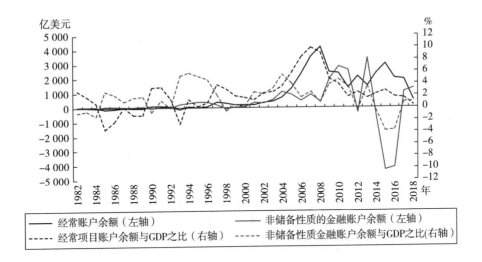

图 1　1982—2018 年中国国际收支结构变化

（资料来源：Wind。）

（二）中国国际收支结构变化分析及发展趋势

1982 年至今，随着国内外经济社会环境的不断发展变化，我国的国际收支结构也呈现阶段性变化特征。未来一段时期，根据产业结构转型升级、储蓄投资缺口收窄、贸易和投资更加便利化、贸易环境变化、汇率波动等原因分析，我国国际收支结构发展趋势为：经常账户会保持一定规模顺差、非储备性质金融账户顺逆交替、储备资产将相对稳定。

1. 经常账户

（1）经常账户的变化。经常账户分为货物、服务、初次收入和二次收入。从图 2 可知，货物贸易是经常账户顺差的主要来源。1994 年汇率并轨以来，货物贸易持续 25 年顺差，2001 年加入世界贸易组织以后，贸易顺差迅速增加，2015 年攀升至 5 762 亿美元。2008 年国际金融危机后货物贸易顺差显著下降，2012 年开始复苏，2015 年达到峰值后持续下降。1998—2018 年，服务贸易持续 21 年逆差，且逆差逐渐扩大，2017 年服务贸易逆差规模达 2 654 亿美元。1994 年以来，除 2007 年和 2008 年外，初次收入均为逆差。具体来看，雇员报酬仅在 1998—2012 年出现逆差，而投资收益除 2007 年和 2008 年外，其他年份均为逆差，由于投资收益远大于雇员报酬，因此，大多数年份初次收入呈现逆差。2013—2018 年，二次收入为逆差，2013 年以前均为顺差，说明自 2013 年以来我国成为对外净转移支付国家（见图2）。

（2）经常账户变化的原因。2008—2018 年，经常账户在波动中呈现下降趋势，原因主要有以下几方面：一是货物贸易顺差规模在 2008 年国际金融危机期间以及

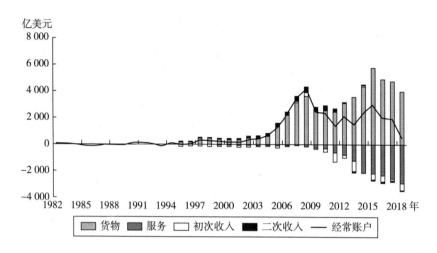

图2 1982—2018 年中国经常账户变化

（资料来源：Wind。）

2015 年之后呈现下降态势，服务贸易逆差迅速增加，使经常账户整体呈现下降趋势，初次收入和二次收入逆差也在一定程度上缩小了经常账户顺差规模。二是人民币汇率升值，2004—2015 年，人民币有效汇率指数大幅上涨，2015 年达到 129.48，人民币实际汇率的升值降低国内商品的竞争力，增加对国外商品的需求，会减少经常账户顺差。三是根据国民收入等式，国内储蓄率与投资率缺口影响净出口，进而影响经常账户，我国储蓄率与投资率的缺口从 2007 年的 8.66% 降至 2017 年的 1.98%，导致经常账户顺差下降。

（3）经常账户的发展趋势。未来，经常账户仍会维持一定规模的顺差。一方面，货物贸易顺差会有所下降，服务贸易会保持较大规模逆差。2018 年以来的中美贸易摩擦升级、西方国家民粹主义和贸易保护主义抬头、全球经济复苏缓慢等原因，未来货物贸易顺差可能还会下降；随着我国经济发展，国民收入水平进一步提高，对国外的服务需求会维持增长势头，但我国服务业水平提升也会增加服务贸易收入，一定时期内服务贸易仍将维持较大规模逆差。

另一方面，随着我国产业结构转型升级，逐步完成工业化，成为成熟的制造业强国，高端设备、精密仪器等高新技术产品出口将会增加，同时境外投资结构的改善也会使初次收入逆差收窄，支撑经常账户维持一定的顺差规模。

2. 非储备性质金融账户

（1）非储备性质金融账户的变化。非储备性质金融账户 1999—2011 年连续 13 年顺差，2012 年开始出现顺逆交替和变动幅度加大的趋势。非储备性质金融账户可细分为直接投资、证券投资和其他投资。直接投资除个别年份外总体保持顺差，

1982—1992年顺差规模较小，1993年顺差开始迅速增加，2011年顺差达到2 317亿美元，但在2014—2016年顺差规模大幅下降。1999年以前，证券投资余额较小，此后波动幅度大幅增加，除2015年和2016年外，证券投资在2007—2018年持续顺差，2018年达到1 067亿美元，投资规模整体呈现增加趋势。其他投资在1994—2018年，14年呈现逆差，2008年国际金融危机期间逆差达到1 126亿美元，2015年达到4 361亿美元（见图3）。

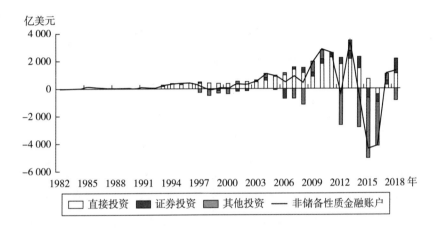

图3　1982—2018年中国非储备性质金融账户变化

（资料来源：Wind。）

（2）非储备性质金融账户变化的原因。一是政府对外商来华投资和我国对外投资政策的适时调整，20世纪90年代初，政府开始实施积极的招商引资，采取对外商直接投资的优惠政策，外商来华直接投资迅速增长；2008年后，中国政府鼓励企业"走出去"，我国对外直接投资大幅增加，直接投资账户顺差缩小，2016年对外直接投资超过外国来华直接投资；2016年政府开始加强对外投资的管理，2017—2018年对外投资下降，直接投资呈现顺差。二是对跨境证券投资的逐渐放开。2002年以来，从QDII和QFII到沪港通、深港通、债券通（"北向通"），以及境外投资者直接投资境内债券市场，跨境证券投资渠道不断增加，除2015年和2016年外，证券投资在2007—2018年持续顺差，投资规模整体呈现增加趋势。三是人民币汇率变化。其他投资项主要反映了企业与金融机构的跨境借贷，人民币汇率直接影响其他投资账户的变化，2014—2016年，受人民币贬值预期影响，其他投资出现大幅逆差，此后采取宏观审慎管理措施，2017年其他投资余额由负转正，2018年人民币呈贬值走势，其他投资余额再一次由正转负。

（3）非储备性质金融账户发展趋势。未来，非储备性质金融账户将时顺时逆且波动幅度加大。一是经济发展带动的对外投资规模的持续扩大。类似日本和韩国，经济发展达到一定程度后直接投资呈持续逆差走势，我国已接近这一阶段。一方面，中国将会有更多企业走出去，带动对外投资增加；另一方面，虽然政府也采取措施优化营商环境，吸引外商投资中国，但由于劳动力等要素成本上升，会降低部分境外投资者来华投资意愿。二是境内金融市场的不断开放。政府对跨境证券投资限制放松，中国证券投资的资产方和负债方都会增加，因而证券投资余额会随市场环境变化而呈现时顺时逆。三是人民币兑美元汇率的双向波动和境内外利差的变化，其他投资也会呈现时顺时逆。四是产业结构转型升级导致低端产业和过剩产能逐渐向境外国家转移、高端产业和先进技术需要投资并购国外企业，企业会自发产生持续的对外直接投资需求。综上所述，未来一段时间内，直接投资顺差会收窄并最终转为逆差，证券投资和其他投资会时正时负，由于证券投资和其他投资对非储备性质金融账户影响逐渐增大，因此未来中国非储备性质金融账户很可能会出现时顺时逆和波动较大的特点。

3. 储备资产

（1）储备资产的变化。储备资产最主要的部分是外汇储备。2000年之前，外汇储备余额较低；2001—2011年，外汇储备快速增加；2007—2010年，外汇储备每年增加额均超过4 000亿美元，2015年和2016年，外汇储备大幅下降（见图4）。

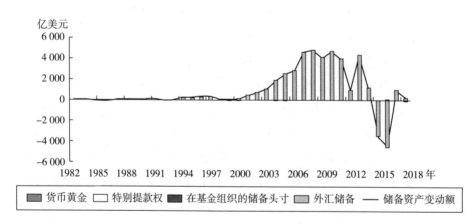

图4　1982—2018年中国储备资产账户变化

（资料来源：Wind。）

（2）储备资产变化的原因。一是经常账户和非储备性质金融账户在2001—2011年连续顺差，外汇储备快速增加。二是央行对外汇市场的宏观调控，2015—2016年，央行为了抑制人民币对美元过度贬值，在外汇市场上卖出美元买入人民币。

（3）储备资产未来趋势。未来，储备资产在一定时期内可能会相对稳定。一是央行已退出常态式外汇市场干预，外汇储备将相对稳定。二是经常账户维持一定顺差对外汇储备稳定形成支撑。三是储备资产结构会有所调整，外汇储备投资资产的投资收益和汇率变化等将使外汇储备存在一定的波动。

三、政策建议

根据主要代表性国家国际收支结构变化的特点，结合我国国际收支结构变化原因和趋势的分析，从加强跨境资本流动管理、经常账户结构优化以及完善货币政策调控三方面提出建议。

一是不断完善"宏观审慎＋微观监管"的跨境资本流动管理体系，防范资本和金融账户余额大幅波动的冲击。随着金融市场不断开放，未来具有大幅波动特征的证券投资和其他投资将对资本和金融账户余额产生主导性影响，加之跨境资本流动更加便利，市场环境和市场预期的变化会在短时间内导致跨境资本的急剧大幅波动，对国内金融市场稳定带来很大挑战，因此，应不断完善跨境资本流动管理体系，防范资本和金融账户余额大幅波动的冲击。

二是积极推动制造业转型升级，提升服务贸易收入和境外投资收益，促进经常账户顺差结构优化。货物贸易顺差是我国经常账户顺差的基础。在要素成本优势逐渐消失的情况下，应加快创新驱动，促进产业结构转型升级，确立新的高新技术出口产品比较优势，优化货物贸易顺差的产品结构。大力提升国内服务贸易质量，扩大运输、文化教育、旅行、知识产权等服务贸易出口，缩小服务贸易逆差。积极调整境外投资结构，提升对外资产的收益率，降低利用外资成本，提高对外投资净收益。

三是进一步完善价格调控型货币政策框架，丰富流动性管理工具。在国际收支双顺差情况下，外汇占款成为央行发行货币的重要渠道，随着国际收支双顺差的消失，外汇储备保持相对稳定，央行拥有了更多调节银行体系流动性的主动权。未来，央行需要不断完善基础货币发行方式，进一步完善价格调控型货币政策框架，丰富流动性管理工具。

养老金融

人口老龄化对我国国际收支变动的影响

包　歌[①]

人口老龄化作为长期结构性变量，通过储蓄率、消费、投资、资产配置等影响经常账户和资本账户，进而改变国际收支的结构和变动。从国际经验看，人口老龄化通常是一个缓慢性、可预期性的过程，难以对国际收支产生剧烈的短期影响。但需要注意的是，与发达国家比，我国老龄化呈现加速特点，预计到2025年，60岁以上人口将达到3亿，同时人口老龄化发生在我国跨越中等收入陷阱阶段的关键时期，因此在其他国家具有惰性的人口变量有可能在我国转化为活跃变量，对经常账户和资本账户盈余均将产生不利影响。具体分析如下。

一、人口老龄化与经常账户

人口老龄化主要通过四个渠道对经常账户产生影响。

一是人口老龄化通过降低边际消费倾向，对进口产生抑制作用。近几年来，我国经常项目在顺差收窄的趋势下，结构上出现如下变化：货物贸易顺差渐趋稳定并有所收窄，服务贸易逆差不断扩大（见图1）。货物贸易顺差从2015年5 762亿美元的峰值回落至2017年的4 761亿美元，2018年以来受中美经贸摩擦继续趋于收窄。而服务贸易从2009年开始出现逆差并持续扩大至2017年的2 654亿美元，其中居民赴境外旅游支出（大部分用于购物）贡献了绝大部分的服务贸易逆差。老龄人口对可贸易性较低的服务业需求高于可贸易性较高的货物需求，不利于维持货物贸易顺差，但是对服务贸易逆差的作用方向待观察。

二是人口老龄化不利于出口进一步扩大。目前，我国是120多个国家和地区最大的贸易伙伴，但近几年贸易对象结构变化明显：欧盟和日本经济增长缓慢，占我国出口比重明显下滑，东盟等新兴经济体占我国出口比重明显上升（见图2），成为新的出

---

① 作者简介：包歌，现供职于对外经济贸易大学。

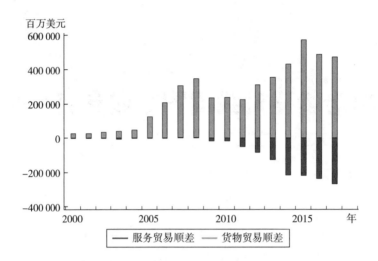

图1　中国经常账户顺差结构

口增长点。在这一格局下，人口老龄化不利于以东盟为主要目的地的中低端制造业出口增长。原因在于，老龄化对劳动力供给压制作用持续凸显，进一步增加制造业成本，降低我国相对于新兴经济体特别是东盟的比较优势，并使我国部分加工贸易开始向东南亚转移。2009—2017年，加工贸易出口占我国总出口比重从49%已下降到34%；同期，东盟制造业占全球出口市场份额上升近2个百分点（见图3）。

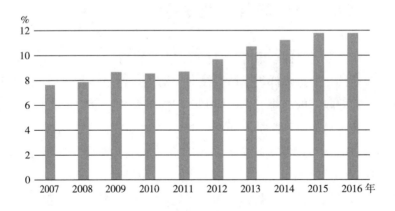

图2　东盟占我国出口比重

三是人口老龄化导致储蓄与投资缺口收窄，将使我国经常项目顺差维持低位。根据生命周期理论，老龄化较高的发达国家的消费倾向较高，储蓄倾向相对较低（Auerbach等，1989）。Meredith（1995）估算发现，老年抚养比每上升1%可能导致储蓄率下降约0.9%。同时，特里谢（2007）发现，老龄化还会通过养老金、医疗保健以及长期护理费用等增加公共财政的负担，导致公共储蓄的变化。根据国民收入统计账户，经常项目顺差等于国民储蓄与国民投资之间的差额。我国国民储蓄率

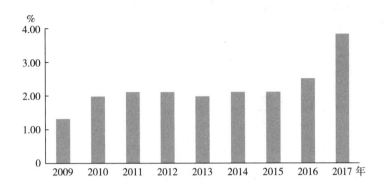

图3　东盟占全球制造业出口比重

在2008年前后达到峰值，之后呈现缓慢下降的趋势。预计随着人口红利消失、企业分红制度改善、政府投资动机不断弱化等，我国国民储蓄率在中期内将逐渐下降。同时，由于我国人均资本存量较低，预计投资率将会维持在高位。根据IMF预测（见图4），未来几年我国储蓄与投资缺口将逐步收窄，到2022年基本为零，我国经常项目顺差占GDP比重将进一步收窄并维持在低位。

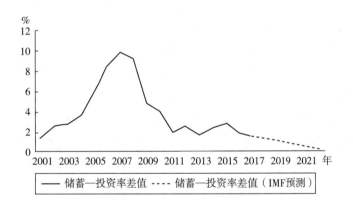

图4　我国储蓄与投资缺口

　　四是老龄化对供给质量和数量促进作用不充足。首先，老龄化对提升生产率作用有限。尽管部分实证研究如Burtless（2013）、Wolfgang（2014）以美国数据表明，教育程度越高的老年人口倾向于工作更长的时间以获得更高收入，该高技能的老年人口可能会促进劳动生产力的提高，但我国老龄人口的独特特征，容易抵消技术进步等其他因素的拉动作用。我国1950—1966年出生的人口是我国老龄化的主体，他们有较高比例没有接受完整小学教育，受教育程度要普遍低于发达国家，老龄化对劳动生产力的促进作用可能十分有限。另外，老龄化不利于资本支出增加，资本存量随之下降。以中国为例，过去30年的高速发展离不开高储蓄率的支撑，根据陈彦斌（2013）的估算，资本在这一时期对经济发展的贡献率达到59.8%。随着人口红利的消失、老龄化进程的加快，储蓄率降低资本存量二阶增速，经济潜在增长率下行压力增加。

二、人口老龄化与资本账户

老龄化对我国资本项目收支结构性影响主要是负面的。

一是人口老龄化不利于吸引对外直接投资。老龄化导致适龄工作人群占比下降，国内制造成本相对上升，资本和产能过快向外转移，并形成产业空心化。以日本为例，20世纪80年代后掀起向海外转移生产的高潮，传统制造业和劳动密集型产业全面转移，目前其汽车、电子、机械等支柱产业的海外生产比率为40%~60%。特别是最近几年，日本对外投资快速增长与国内民间投资增速大幅回落形成鲜明对比，是企业对未来人工成本上升确定性预期的理性反应，也说明安倍政府试图增加女性就业等劳动力供给政策的可持续性差。

二是人口老龄化加大资本外流的压力。高盛高华研究发现，人口结构的变化已经导致韩国、中国大陆、中国台湾地区、泰国大量的资本外流，并预计，到2026年之前，扣除金融开放程度等政策与制度因素，在中国台湾地区和韩国，人口老龄化导致的净资本流出压力仍将较大，特别是40~60岁年龄段人口占比上升将带动本国资本流动方向转为净流出，其影响将在这部分人群达到60~65岁时触顶。从我国来看，2009年以来，衡量资本外逃的净误差与遗漏项目合计持续为负且明显扩大，其中2016—2018年负值持续超过2 000亿美元，反映出未被记录的资本外逃问题较为突出。将资本项目差额和净误差与遗漏相加，显示我国自2014年以来一直存在资本外流状况，这种压力未来可能会随着人口老龄化持续加大。

三是证券账户持续流入的逐利动机逐步减弱。第一，老龄化不利于金融资产配置。根据西南财经大学家庭金融调查，2017年我国家庭总资产中住房资产占比高达77.7%，大幅挤压了金融资产的配置比例，与发达国家家庭资产"股房并重"的结构形成鲜明对比。与年轻人相比，老年人作为债权人拥有更多资产，则人口老龄化上升意味着国内金融资产需求疲软，不利于证券账户资金流入。第二，金融资产配置偏好受老龄化影响。当货币扩张或利率下降时，微观主体愿意承担更多风险（Borio和Zhu，2008）。但随着年龄的增加，老年人投资者规避风险且投资理念倾向于保守，将由偏好风险资产转为偏好无风险资产，对存款等配置意愿高于对证券配置意愿。但考虑到我国存在"未富先老"的情况，财富向老龄人群倾斜的程度也没有发达国家那么高，该影响程度也没有发达国家那样明显。

四是老龄化不利于信贷等其他账户资金流入。信贷需求增加是基于外部融资成本与借款人的资产净值是负相关的（Bernanke 和 Gertler，1989）。但从实践看，高净值的老年群体借贷消费的倾向低于年轻人群，且更倾向于依靠自我融资来满足自己的消费和投资需求。因此，即使老年群体拥有较多抵押品且从外部融资的成本较低，资本账户进一步开放带来的信贷便利化，对其借贷行为的影响也不会很大。

五是老龄化通过弱化货币政策效应减弱国际收支波动性。第一，利率变动敏感度下降。Imam（2013）发现，美国、加拿大、日本、英国、德国五国失业和通胀对利率变化的敏感度随着社会老龄化程度而不断降低。Boivin 等（2010）、Kantur（2013）等研究也印证了这一结论。Bean（2004）认为，老龄化会使菲利普斯曲线更加扁平化。这意味着在其他条件不变的情况下，人口老龄化社会的货币政策对产出和通胀产生影响所需要的利率变化幅度要加大。第二，老龄化引发的劳动力成本上升对物价的影响可能很有限。伍戈、李斌（2013）通过考察经历过刘易斯拐点的日本、韩国、中国台湾等后发现，劳动力成本冲击并不是导致通胀水平系统性抬升的决定性因素，而货币总量的显著增加才是其经济体内通胀水平提高的主要原因。同时，OECD 国家的数据表明，随着老龄化带动住房需求下降，老年抚养比的上升往往还会带动房价的下降。考虑到上述两个因素，老龄化客观上增加了为实现特定宏观经济政策导致的经济波动性，这点在当前低利率的国际环境下尤为明显。

人口老龄化趋势对消费变化的影响分析

罗雅楠[①]

一、我国人口老龄化的几个主要特点

伴随着城镇化进程推进、社会经济转型、人们观念的转变，以及生育政策的调整完善，我国人口的规模和结构处于剧烈变化之中。主要体现在生育率下降带来的人口增速放缓以及低出生和人均预期寿命延长后的老龄化速度加快。

一是老龄人口规模大。由于我国人口基数较大，老龄化程度较深，导致我国成为全球老龄人口规模最大的国家。联合国人口司数据显示，2006年我国老龄人口占比为世界老龄人口规模的21%，占亚太地区规模的39%。到了2040年，我国老年人口将达3.97亿人，相当于那时德国、法国、英国、意大利和日本五个国家人口的总和。

二是老龄化迅速。我国老龄人口增速快于人口增长，高龄人口增速快于老龄人口。法国60岁以上老年人占总人口的比例从10%提升到20%用了140年，美国用了78年，西方发达国家总体用了50年以上，然而我国只用了27年。根据联合国经济和社会事务部发布的2019年《世界人口展望》，预计2020年，我国65岁及以上老年人口占总人口的比重将达到12%。此后，老龄化步伐继续加快，2030年、2040年占比将分别达到16.9%和23.7%，比2020年分别提高4.9个和11.7个百分点。

三是高龄化速度加快。从联合国经济和社会事务部的预测结果看，2020年，80岁和90岁以上人口占总人口的比重将分别达到1.8%和0.2%，占65岁及以上人口的比重将分别达到15.5%和1.7%，到2040年，占总人口的比重将进一步上升至5%和0.6%，占65岁及以上人口的比重将上升至20.9%和2.6%。人口老龄化及高龄化将不断加重中国的抚养负担，形成对国家社会保障支出等方面的巨大压力。

四是老龄化超前于经济发展。发达经济体的人口老龄化是在人均GDP为

---

① 作者简介：罗雅楠，北京大学博士后工作站。

0.5 万~1 万美元时进入老龄化社会的，拥有足够的时间为应对老龄化的到来做准备，同时也具备了对老龄化可能带来的负面影响的较强承受能力。然而，我国在 2000 年左右人均 GDP 为 856 美元时就提前步入了老龄化社会，经济基础较为薄弱，导致老龄化超前于经济发展，造成了未富先老的局面。

五是带残老龄化明显。虽然，我国人均预期寿命已达到 77 岁，但是人均健康预期寿命却仅为 68 岁左右。也就是说，约 9 年需要在带残状态中度过。老年人群是残障易发人群，2/3 的残疾都在 60 岁及以后发生，且 53% 的残疾人群均为 60 岁及以上的老年人群。老年人口中，24.4% 的人群患有不同程度的残疾。随着老龄化和疾病模式的转变，我国老年平均伤残期在逐年拉长。研究显示，20 世纪 90 年代初期到 2030 年，老年残疾人口比例和平均伤残期均在升高，在 2030 年之后，老年残疾化增速将超过老龄人口增速。这无疑给我国未来医疗卫生和社会保障体系带来巨大的挑战。

目前，我国社会经济发展承受着人口老龄化负担的同时，也陷入了消费需求不足的困境。人作为消费的主体，人口结构的变动必然会影响消费的变动。西方早期经济学理论生命周期假说就阐述了人口老龄化影响消费的观点，认为人一生在不同阶段对商品的需要和兴趣会随年龄的变化而改变，导致居民消费结构也会随着年龄的变化而变化。老龄人群会通过平滑从前的储蓄来影响消费[1][2]。总体来看，人口年龄结构老化会导致老年人群消费水平和消费结构发生变化。

二、人口老龄化对消费水平的影响

人口老龄化有刺激消费的重要作用。研究显示，老年人群中的潜在消费人数比例为 70%~80%。即使按照下限比例为 70% 估计，也发现 20 世纪 90 年代以来，老年人群体的消费支出呈现快速上升的趋势。1990 年，老年人消费规模为 409.3 亿元，到了 2011 年增长到 1.09 万亿元，老年人群消费支出占家庭总支出的比例由 1990 年的 4.33% 增长到 2011 年的 6.90%[3]（见图 1）。预测结果显示，未来我国老年人消费群体规模和所占家庭总消费的比例会呈现上升趋势。2020 年这一比例将达到 10.70%，2030 年达到 14.39%，到了 2050 年增长到 20.72%[4]。

---

① 王勇，周涵. 人口老龄化对城镇家庭消费水平影响研究［J］. 上海经济研究，2019（05）：84-91.
② 于潇，孙猛. 中国人口老龄化对消费的影响研究［J］. 吉林大学社会科学学报，2012，52（01）：141-147+160.
③ Tian Xueyuan. China's Population Aging and the Risk of 'Middle-income Trap'［M］. Springer, 2017.
④ Tian Xueyuan. China's Population Aging and the Risk of 'Middle-income Trap'［M］. Springer, 2017.

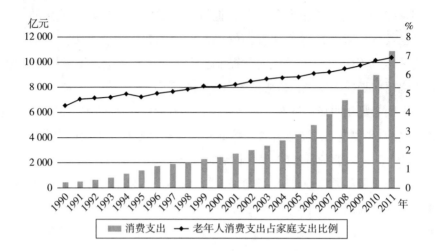

图1 老年人消费支出趋势状况

（资料来源：Tian Xueyuan. China's Population Aging and the Risk of
'Middle – income Trap'［M］. Springer, 2017.）

虽然，人口老龄化能够刺激消费，但在人口老龄化发展进程中的不同阶段，老龄化会对总消费需求会产生不同的影响。研究发现，人口老龄化初始阶段对消费需求的影响表现为正效应，中期阶段为负效应，晚期阶段表现为零效应。目前，我国处于人口老龄化的初期阶段，中国人口老龄化对消费的影响表现出正效应。但当老龄化进入加速发展阶段时，劳动力规模急剧下降，总体消费需求仍然缩减，刺激居民消费和扩大消费需求依然是我国需要长期关注的重点[①]。

目前来看，我国老年消费市场潜力有巨大的提升空间。发达国家经验表明，老年护理等"银发经济"市场份额巨大，并且随着老龄化的推进，还在逐渐攀升。20世纪80年代到21世纪初，日本老年护理产业消费占总市场消费比例从13%攀升至24%；美国在1985年，老年护理产业的市场份额就已达到7.95%。研究显示，2011年，我国老年人消费占消费市场总体比例仅为7.95%，远低于发达国家，老年人口消费市场亟待挖掘和提升。

三、人口老龄化对消费结构的影响

人口老龄化会对我国总体消费结构产生影响。由于老年人特有的生理和心理特征，人口老龄化会导致消费结构中关于食品、衣着、文教娱乐、金融服务、医疗保

---

① 于潇，孙猛. 中国人口老龄化对消费的影响研究［J］. 吉林大学社会科学学报，2012, 52（01）：141 – 147 + 160.

健等方面需求发生改变（见图2－图3）①。

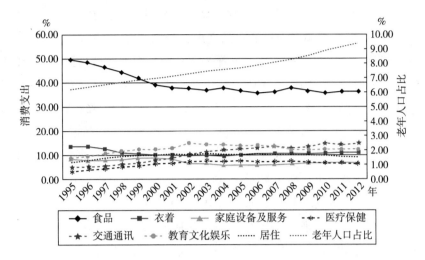

图2　人口老龄化与城镇居民消费支出的关系

（资料来源：彭一.中国人口老龄化对城乡居民消费结构影响研究［D］.湖南大学，2015.）

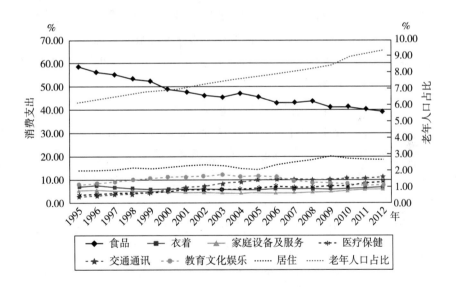

图3　人口老龄化与农村居民消费支出的关系

（资料来源：彭一.中国人口老龄化对城乡居民消费结构影响研究［D］.湖南大学，2015.）

一是人口老龄化使整体消费中食品及衣着消费支出减少。由于老年人躯体功能下降，导致摄入食物总量和饮食结构发生改变。因此，人口老龄化会带来食品消费

---

① 赵周华.少数民族地区人口老龄化对居民消费结构变动的影响分析［J］.财经理论研究，2018（02）：39－50.

支出的减少。我国对于老年人群的食物生产体系不发达，专供食物仅为儿童食品的1/8，妇女食品的1/5，人口老龄化给我国食品消费带来的抑制更大[①]。据估计，老年抚养比每提高1%，城镇和农村的食品支出会分别下降0.69%和0.14%。老年人群的主观性消费观念比较成熟，对于衣着类商品购买频率较低，此外，专门针对老龄群体的服装企业较少。因而，人口老龄化会带来衣着类商品消费的下降。研究显示，老年抚养比每提高1%，城镇和农村的食品支出会分别下降0.69%和0.14%。

二是人口老龄化增加文教娱乐的消费支出。由于老年人经历了社会角色的变化，离开了工作岗位，并拥有足够的闲暇时间和经济基础，增加了对于出游、娱乐或者再教育等方面的消费需求。研究显示，老年抚养比每增加1%给城镇和农村地区所带来的教育文化和娱乐支出分别增加0.029%和0.143%[②]。

三是人口老龄化会带来医疗健康和长期护理支出的增加。由于老年群体对医疗健康服务的需求量明显高于其他年龄段，高龄人口规模的扩张将导致医疗支出攀升。"全球老龄化与成人健康研究"（SAGE）经验数据的研究表明，发达国家65岁及以上人口的医疗健康支出比0~64岁人群高出3~5倍，各国具体数字从德国的2.8倍到日本的5.3倍不等。如日本2016年人均医疗开支约为4 519美元，平均每个老年人的医疗花费是年轻人的5.1倍。老年群体内部各年龄组的人均医疗健康支出有较大差异。据测算，85岁以上老年群体的人均医疗开支是75~84岁年龄组的2倍，是65~74岁年龄组的3倍。

此外，国家GDP越高，国民对长期护理服务的需求与期待越高，长期护理公共支出水平也趋于上涨。长期护理服务作为劳动密集型行业，当人口老龄化催生出大量刚性长期护理需求时，有可能使非正式照料者数量萎缩，进而导致有偿护理需求量增加和护理资源的不足，最终抬高长期护理总支出。截至2014年底，OECD国家长期护理公共开支占GDP比重平均达到1.4%，其中，荷兰、芬兰、瑞典的该指标值分别为4.3%、3.5%和3.2%，均超过3%。日本长期护照保险支出从2000年的3.6万亿日元增加到2005年的6.9万亿日元，5年间上升了92%。

目前，我国尚处于人口老龄化的早期，但是未来中国人口的发展将不可避免地从轻度老龄化向深度老龄化和重度老龄化转变，"银发浪潮"将成为21世纪我国主要的人口问题之一。如何在应对人口老龄化的同时，又促进经济社会的可持续发展，是我们待研究思考的问题。

---

① 晁思达. 论人口老龄化对我国消费结构的影响［J］. 中国证券期货，2012（5）：199–199.
② 彭一，中国人口老龄化对城乡居民消费结构影响研究［D］. 湖南大学，2015.

人口老龄化下中国社会养老保障体系的建设

房　延[①]

一、我国人口老龄化趋势加快

我国老年人口规模巨大，是世界上老年人口最多的国家。2005 年 65 岁及以上人口超过 1 亿人，是全球唯一一个老年人口上亿的国家，2018 年达到 1.67 亿人，占全球 65 岁以上老年人口总量的 24.5%。根据第五次人口普查数据，我国 65 岁及以上人口在 2000 年占比达到 6.96%，基本达到联合国定义的 7% 以上即为老龄化社会的标准，2018 年该占比增长到 11.9%。随着人口出生率的不断下降和人口预期寿命的进一步延长，中国人口的趋势必将以更快的速度老龄化。

人口老龄化既是发展问题，也是民生问题。如何建设与发展社会养老保障体系，实现养老金的可持续增长，妥善解决好数亿人的养老保障需求，成为一个严峻的现实问题。

二、中国养老保障体系的现状

（一）中国三支柱养老体系的具体内容

建立完善的社会养老保障体系对满足老龄化社会的养老需求至关重要。自 20 世纪 90 年代开始，中国开始逐步建立多支柱的养老保障体系，现已初步形成以基本养老保障为主体，职业养老和个人养老相辅助的三支柱养老保障结构（见图 1）。

[①]　作者简介：房延，就读于安徽财经大学。

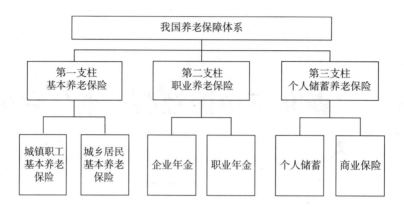

图1 中国养老保障体系

中国第一支柱基本养老保障体系包括城镇职工基本养老保险和城乡居民基本养老保险两类，2017年参保人数已超过9亿人，基本实现了广覆盖目标。城镇职工基本养老保险又包含企业职工和机关事业单位职工基本养老保险两部分，均实行社会统筹与个人账户相结合的基本养老保险制度。其中，社会统筹部分实施现收现付制，可以实现在职与离退休职工养老资金之间的调剂与再分配；个人账户实施积累制，在减轻养老金危机的同时促进公平与效率。

中国第二支柱职业养老保障体系也包含两类：企业年金制度和职业年金政策。企业年金，是指企业及其职工在参加基本养老保险的基础上，建立的职工补充养老保险制度，以弥补基本养老保险替代率不足，提高员工退休生活保障水平。职业年金是指机关事业单位及其工作人员建立的补充养老保险制度，对保持养老金替代率、缓解财政压力具有重要作用。

中国第三支柱个人储蓄养老保险包括个人养老储蓄与商业养老保险，但个人养老保障的制度建设和社会引导较为不足。自1991年提出养老金制度三支柱改革后，第三支柱长期处于空白。2018年4月，财政部等五部委联合发布《关于开展个人税收递延型商业养老保险试点的通知》，标志着第三支柱个人养老金制度开始建设。随后，银保监会等四部委联合发布《个人税收递延型商业养老保险产品开发指引》，明确了产品设计原则、要素及管理收费模式等内容。目前个人储蓄养老保险的产品种类和数量有限，受众人数还比较少。

其中，中国第一支柱基本养老保险制度的发展共经历了四个阶段。第一阶段为1950年至20世纪80年代初期，在《中华人民共和国劳动保险条例》中明确了养老待遇的规定，覆盖了国营、公私合营、私营等企业的职工，机关事业单位职工养老保险另以单行法规和条例的形式进行规定，但农村人口没有建立正式的社会养老保险制度。第二阶段从20世纪80年代中期至90年代初期，随着社会主义市场经济制度的改革与深入推进，原来以单位为基础的养老保险制度严重妨碍了市场公平竞争和劳动力资源的流动，在《国营企业实行劳动合同制暂行规定》中提出国家对劳动合同制工人的退休养老保险实行社会统筹，所需资金来源于企业和工人共同缴纳的费用，标志中国城镇企业职工养老保险制度改革正式开始。第三阶段从20世纪90年代初期至2008年左右，为了应对日益严峻的人口老龄化问题以及不断加重的养老金负担，中国正式建立了社会统筹和个人账户相结合的城镇职工基本养老保险制度。第四阶段开始于2009年，将养老金的覆盖面拓宽至城乡居民，2009年针对农村人口建立新型农村社会养老保险，2011年针对城镇非从业人员建立城镇居民社会养老保险，2014年将两者合并，建立全国统一的城乡居民基本养老保险制度。

（二）养老金的投资与资产配置

1. 社保基金的运行情况

从社保基金的规模及组成来看，全国社会保障基金理事会受托管理的资金包括：全国社保基金、个人账户基金、地方委托资金、基本养老保险基金和划转的部分国有资本充实社保基金五个类别的资金。社保基金资金来源主要有"中央财政预算拨款、国有资本划转、基金投资收益和国务院批准的其他方式筹集"。截至2018年底，全国社会保障基金理事会管理的基金资产总额达2.96万亿元。2019年以来，伴随降低社保费率措施的实施，为了保证社保基金的可持续，党中央、国务院已经部署了一系列应对措施，包括加大基本养老保险基金中央调剂力度、加大各级财政对基本养老保险的投入等。7月的国务院常务会议决定，全面推开将中央和地方国有及国有控股大中型企业和金融机构的10%国有股权，划转至社保基金会和地方相关承接主体。预期社保基金规模扩容将进一步加速。

从社保基金的投资行为来看，社保基金遵循稳健、审慎，坚持长期价值投资原则。经批准的境内投资范围包括银行存款、债券、信托贷款、资产证券化产品、股票、证券投资基金、股权投资、股权投资基金等；经批准的境外投资范围包括银行存款、银行票据、大额可转让存单等货币市场产品、债券、股票、证券投资基金，以及用于风险管理的掉期、远期等衍生金融工具等。其中银行存款和国债的投资比例不低于50%，企业债和金融债不高于10%，证券投资基金和股票投资的比例不高于40%。

2000年，社保基金理事会成立。18年来，实现累计投资收益9 552.16亿元，年化收益率7.82%，远超过同期通货膨胀水平（见表1）。

表1 社保基金历年收益情况

年份	投资收益额（亿元）	投资收益率（%）	通货膨胀率（%）
2000	0.17	—	—
2001	7.42	1.73	0.70
2002	19.77	2.59	−0.80
2003	44.71	3.56	1.20
2004	36.72	2.61	3.90
2005	71.22	4.16	1.80
2006	619.79	29.01	1.50
2007	1 453.50	43.19	4.80
2008	−393.72	−6.79	5.90
2009	850.43	16.12	−0.70
2010	321.22	4.23	3.30
2011	74.60	0.86	5.40
2012	654.35	7.10	2.60
2013	685.87	6.20	2.60
2014	1 424.60	11.69	2.00
2015	2 294.78	15.19	1.40
2016	319.61	1.73	2.00
2017	1 845.77	9.68	1.60
2018	−476.85	−2.28	2.10
累计投资收益	9 552.16	（年均）7.82	（年均）2.28

资料来源：《社保基金年度报告（2018年度）》。

　　社保基金已成为VC/PE基金的大型重要LP。其中，相较于高风险高收益的VC机构，社保基金更偏好低风险的PE机构。被社保基金选中的机构成立时间大多超过10年，内部基金数多在2只及以上，平均投资项目数超过100个。这些机构无论资金还是投资能力都相对稳定。除了投资私募股权类基金，社保基金还参与了不少项目的直接投资。2015年，社保基金参与了蚂蚁金服的A轮融资，首次直接投资创新型民营企业，2018年，已实现浮盈400亿元。在行业方面，涉及金融，新材料、环保新能源等众多朝阳产业。在投资额方面，社保基金以"比例控制"来规避风险。根据监管规定，社保基金投资总额按成本计算不超过划入基金货币资产的20%，投资单一项目的比例不超过该项目总规模的20%。因此，从占股上来看，社保基金的直投一般不以控股为目的，大多在5%及以下。

　　从社保基金的资产配置来看，社保基金底层资产多样分散，有流动性强、安全性高的银行存款、信托贷款、债券等资产，又有预期收益回报较高的股权投资、境内外股票等资产；并且采用跨市场布局，以境内投资为主，辅以小额境外投资来对冲单一国家可能存在的系统性风险，同时捕捉海外投资机遇（见图2和图3）。特别地，2019年7月22日科创板开板以来，社保基金积极参与了新股的网下询价并申请参与战略配售。社保基金参与首轮科创板打新与战略配售资金共达5.7亿元。实现资产类别的低相关性，是社保基金获得较为稳定的收益率的必要条件。

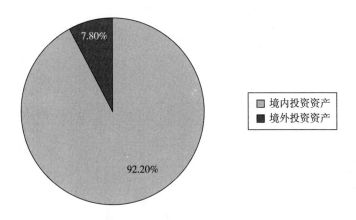

图2　社保基金境内/境外投资比重

［资料来源：《社保基金年度报告（2018年度）》。］

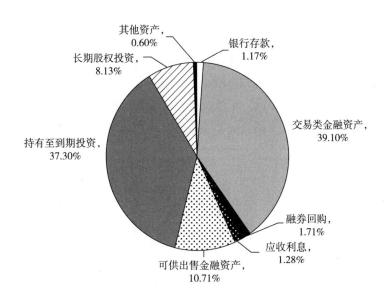

图3　社保基金资产类别比重

［资料来源：《社保基金年度报告（2018年度）》。］

2. 企业年金的运行情况

中国的雇主发起式养老金，又称企业年金（Enterprise Annuity，EA），建立于

1991 年。在过去的 20 多年中，企业年金制度经历了长足的发展。但从总规模和参与人数来看，企业年金依然是一个欠发达的市场。根据人社部数据，目前，企业年金的市场规模处于扩张阶段，2017 年基金规模达到 12 879.67 亿元，但近几年增速趋缓，2012 年的扩张规模高达 35%，2014 年基金规模增长率为 27.4%，2015 年增长率略有下降，为 23.9%，而 2016 年和 2017 年进一步下降到 16.3%（见图 4）。从企业年金参加人数看，截至 2017 年，参与规模达到 2 331 万人。但 2011 年以来，参与人数增速出现了持续的下滑。2015 年和 2016 年增速甚至不足 1%（见图 5）。

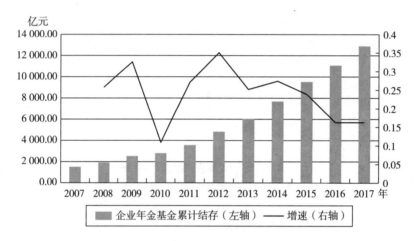

图 4　企业年金累计结存及增速

（资料来源：人社部。）

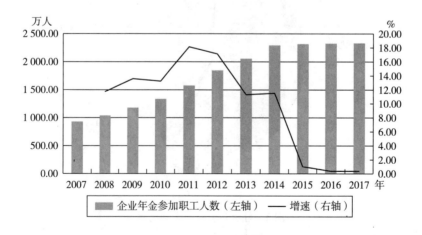

图 5　企业年金参加职工人数及增速

（资料来源：人社部。）

从投资收益率来看，2013年以来企业年金回报率为6%左右，总体高于绝对收益基准，波动率低于相对收益基准①（见图6）。

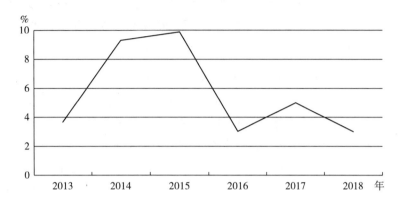

图6　全国企业年金：全部计划加权收益率

（资料来源：Wind。）

从资产配置比例来看，中国企业年金权益类资产投资比重有较高的提升空间（见图7）。2017年美国401K计划权益类投资占总资产投资的比重为60.1%，中国企业年金仅为10.6%，较为保守，相比监管规定的30%的上限也有一定空间。

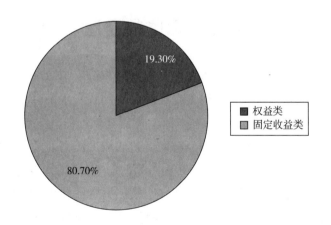

图7　全国企业年金资产比重

（资料来源：Wind。）

3. 个人商业养老保障运行情况

中国在个人养老保障上的制度设计探索起步较晚，2017年6月国务院发布

---

① 业内通常采用三年期定期存款收益率作为绝对收益基准，以"15%×沪深300指数+70%×中债总全价指数+15%×7天回购利率"作为相对收益基准。

《关于加快发展商业养老保险的若干意见》，明确商业养老险改革目标：到2020年，基本建立运营安全稳健、产品形态多样、服务领域较广、专业能力较强、持续适度盈利、经营诚信规范的商业养老保险体系。其中，个人税收递延养老保险是中国养老保险体系第三支柱的一种尝试。根据《关于开展个人税收递延型商业养老保险试点的通知》（财税〔2018〕22号），个人税收递延型养老保险于2018年5月起在上海市、福建省和苏州工业园区开展试点，试点期限暂定一年。《个人税收递延型商业养老保险产品开发指引》中明确了产品设计原则、要素及管理收费模式等内容。包括：个人缴费税前扣除，每月最高可降低应纳税所得额不得超过税前工资的6%及1 000元；账户资金投资收益暂时免税；个人领取商业养老金时征税，其中25%部分予以免税，其余75%部分按照10%的比例税率计算缴纳个人所得税。

针对个人养老保障，除了保险机构参与之外，其他金融机构也在积极推进个性化的养老金融服务。包括商业银行提供的储蓄、养老金结算和账户管理、老年客户专属理财、年金托管，基金管理公司提供的养老型基金运作等。但是，目前已有的个人商业养老金融服务种类较少，且产品期限大多为中短期，与养老投资的长期性要求难以匹配。未来个人商业养老服务有很大的发展空间。

三、中国养老保障体系面临的问题

人口老龄化对社会养老保障体系所带来的负担和造成的冲击是全世界需要面临的共同问题。与发达经济体人口老龄化在经济发展到较高水平时出现不同，中国在经济基础相对薄弱、有关体制还不健全的21世纪初就已进入老龄化社会。未富先老、未备先老的老龄化特征在给中国经济发展造成较大压力的同时，也给中国养老保障体系带来了沉重负担。虽然经过30年的改革发展，中国初步建立起了三支柱养老保障体系，搭建了现代化以政府、企业、个人三方责任共担的现代化养老制度框架，为养老体系的发展奠定了良好基础。然而，在当前养老保障体系发展过程中，仍存在很多不足与挑战，养老保障体系的建设仍然任重道远。

一是三大支柱发展不均衡。中国第一支柱的基本养老保险范围最大，占比超过80%；第二支柱的企业补充养老保险，即企业年金，处于相对短板的阶段，占比不到20%；第三支柱个人养老金尚处于起步阶段。从覆盖人数和总支出上，基本养老保险覆盖范围也远超第二和第三支柱。而发达国家养老金体系中，一般第二和第三支柱占据主体地位。在经合组织（OECD）成员国中，第一支柱的平均替代率约22%，第二和第三支柱的平均替代率通常保持在50%以上。美国第一支柱占比只有

10%，第二支柱占比高达 62%，第三支柱占比为 28%。而中国企业年金规模小，发展缓慢，加之中国 30% 左右的包括医疗、养老、失业等在内的社保缴费率使得企业负担过重，进一步抑制了企业年金的参与度。可见，中国第二和第三支柱在整体上没有充分发挥养老金的补充作用。

二是基本养老保险基金的可持续性面临挑战。由于劳动力的逐渐减少和老龄人口的快速膨胀，2014 年以来中国城镇职工基本养老保险收支缺口不断扩大，征缴保费不足以覆盖当年支出，导致财政补贴不断增加。2017 年中国城镇职工基本养老保险基金的财政补贴已达到 8 004 亿元，约是当年 GDP 总量的 1%，扣除财政补贴后当期缺口达 2 000 亿元以上。已有学术研究普遍认为，由于离退休人数的持续增加和老年抚养比的持续升高，支出缺口持续存在将给财政支持增加较大压力。届时，即使有财政补贴的扶持，养老保险基金也极有可能入不敷出。

三是基本养老保险区域间的差异与失衡较大。在中国目前基本养老保险基金运行中，只有少数省份实现基金的省级统筹，大多数地区会下放至市甚至是村这一级别，实际的缴费率在不同地区之间也存在一定差异。经济发展相对落后、老龄化程度深的部分省市已经出现较为严重的基本养老保险收支缺口。东北三省的养老保险基金很早就开始出现"入不敷出"的情况，而经济较为活跃的上海、北京、广东等地区的养老保险结余则连续多年来持续增长。随着人口流动和迁徙的固定，预计省域间社保基金收支差异的分化会愈发严重。

四是基本养老保险的参保积极性不足。中国的基本养老保险缴费率高于绝大多数国家，目前企业缴纳职工收入水平的 16% ~ 20%，职工缴纳 8% 左右。由于法律法规的不完善以及执法的漏洞，部分企业可以通过采取雇佣临时工、推迟社会保险的缴纳支付、降低名义工资等方式来减少缴费。另外，部分低收入群体或年轻人由于工作不稳定或无暇顾及未来养老也可能没有参加社会基本养老保险的意愿性。相关管理部门也没有对少缴或不缴社会保险的行为给予严厉的惩罚，无形之中也削弱了部分企业和个人缴纳社会保险的动力和积极性。2017 年，中国城镇职工基本养老保险的覆盖率接近 70%，仍有较大上升空间。

五是第二和第三支柱的投资缺乏多样性及灵活性。美国的 401K 计划允许个人账户自由选择基金产品，IRA 账户则灵活性更强基本等同于证券账户，因此能够给个人带来较高的参与感，并且可以满足不同风险偏好投资者的需求。中国无论是第二支柱的企业年金还是第三支柱的个人养老金，个人投资决策的灵活度较低。家庭微观层面上，居民资产配置过度依赖于房地产，金融资产的配置比例远低于发达国家。从企业年金的运作模式看，无论是单一计划还是集合计划，都是以企业作为委托人，没有开放个人投资选择权，缺乏差异化风险偏好，产品同质化严重，限制了企业年金对职工的吸引力；从金融机构提供的个人养老金融服务看，产品种类少、期限一般较短，难以满足不同居民在养老上实现个性化、多样化需求。

四、金融支持中国养老保障体系发展的建议

一是通过增加投资收益、划拨国有资本等手段充实社保基金。一方面，适当增加养老保险入市比例，逐步扩大养老基金投资范围，将有效促进养老金保值增值。当前中国社保基金并以稳健型的债权类资产为主，股票等权益类产品合计不得超过资产净值的30%，低于发达国家50%左右的水平；从境内/境外资产比重看，目前境外资产比重为10%左右，与20%的监管规定相比，也有一定的扩张区间。未来可尝试在控制投资风险的同时，适当增加部分权益类产品和境外产品的投资，在以多样化投资分散风险的同时，增强养老基金的保值能力。另一方面，国资划转社保，不仅将减轻企业缴纳社保费的压力，还可以通过其划转股权的分红收入使得社保基金具有稳定的资本来源，以应对未来社保基金的收支缺口问题。

二是支持企业年金、商业养老保险等财富管理业务发展。第二和第三支柱的发展对于缓解养老负担极为重要。发展第二和第三支柱需要突破制度瓶颈。目前，中国建立企业年金制度的单位仅占10%左右，且大部分为国企、民企等，中小企业的占比很小，统一投资计划也无法满足差异化风险偏好。建议以放开个人投资选择权、完善税收政策、降低集合计划的门槛等制度改革，提高企业参与率。商业养老保险方面，提高服务质量和效率，丰富产品供给，发展满足长期资金需求的商业养老年金保险，为个人和家庭提供个性化、差异化养老保障。

三是以金融科技手段助力养老产品创新与养老资金配置。一方面，互联网和移动支付的普及，大大提高了中老年人获取金融服务的便利性。另一方面，放开个人选择权同时也伴随着个人选择养老金产品能力不足的难题。而快速兴起的养老金智能投顾平台将为投资教育不足的国内养老金投资者提供良好和规范的服务。通过大数据和人工智能分析个人投资偏好，结合长期投资目标进行个性化资产配置，助力实现个性化、差异化养老服务，提升养老金投资科学性和专业性。

参考文献

［1］陈海红．浅议个人税收递延型商业养老保险改革［J］．纳税，2019（2）．

［2］董克用，姚余栋：中国养老金融发展现状、挑战与趋势研判［J］．养老金融评论，2019（5）．

［3］张凌凌．养老保险基金风险防控对策研究［J］．青年与社会，2019（3）．

［4］王慧．我国养老金资产管理市场展望［J］．中国保险，2018（12）．

［5］谭庆宇．关于社保基金保值增值问题的思考［J］．中国经贸，2018（6）．

观察思考

全球保理业务发展以及对我国的启示

陈　娇[①]

摘要：本文介绍了保理业务的定义、业务分类以及起源，分析了全球保理业务发展现状以及包括中国在内的一些主要国家和地区目前保理业务的发展及主要特点，并对我国保理行业的进一步发展提出政策建议。

关键词：保理　业务分类　渗透率　监管

一、保理定义及主要业务分类

保理（Factoring）一词源于法语单词"factor"，意为"代理"，有时也被翻译为"保付代理"。保理业务是指保理商以受让供应商因销售商品、提供服务或租赁资产等而产生的应收账款为前提，为供应商提供的集应收账款融资、销售分户账管理、账款催收和买方付款担保于一体的综合性金融服务。保理业务主要是为了解决赊销所产生的卖方资金占用以及买方不付款的风险。

随着全球买方市场地位的形成和强大，世界经济一体化日益发展，各国之间的贸易竞争加剧，由买方提供信用申请的信用证交易日益呈现下行趋势，而由卖方申请银行信用的保理业务方兴未艾，在西欧和亚太地区的经济发达国家和地区，该项业务发展尤其迅速。随着贸易活动中赊销结算方式的主流化，保理业务量逐渐扩大，已经超过信用证的使用；根据瑞士再保险公司数据，2005 年全球信用证规模为7 000 亿~10 000 亿美元，相比之下无追索权的保理业务规模达 1.2 万亿美元。

保理业务按照不同的标准可以分为不同类型，比较常见的有以下几种分类方式：

一是按照基础交易的性质和债权人、债务人所在地，可以分为国际保理和国内保理。国内保理是债权人和债务人均在境内的保理业务；国际保理是债权人和债务

---

① 作者简介：陈娇，现供职于中国人民银行营业管理部。

人中至少有一方在境外（包括保税区、自贸区、境内关外等）的保理业务。

二是按照保理商在债务人破产、无理拖欠或无法偿付应收账款时，是否可以向债权人反转让应收账款、要求债权人回购应收账款或归还融资，可以分为有追索权保理和无追索权保理。有追索权保理是指在应收账款到期无法从债务人处收回时，保理商可以向债权人反转让应收账款、要求债权人回购应收账款或归还融资；无追索权保理是指应收账款在无商业纠纷等情况下无法得到清偿的，由保理商承担应收账款的坏账风险。

三是按照保理业务申请人的不同，可以分为正向保理和反向保理。正向保理是指由应收账款债权的供货商主动向商业保理公司申请应收账款转让的商业保理融资模式；反向保理又叫 1＋N 保理（1 指核心企业，N 指核心企业的供应商），是指商品或服务供应商在征得核心企业同意后，将与核心企业在商业活动中产生的应收账款转让给保理公司，由保理公司为其提供应收账款融资的一项金融服务。

此外，根据保理商和供货企业签订商业保理合同后，是否告知债务人应收账款债权转让事宜，可将保理业务划分为明保理和暗保理；根据保理业务有无包含应收账款的融资事项，可划分为融资保理与到期保理；根据保理商的不同，可以划分为银行保理和商业保理；依据在商业保理业务中保理公司提供保理服务的是全部业务还是部分业务，可分为完全保理和部分保理。

二、保理业务的起源及全球发展现状

（一）保理业务的起源

16 世纪，国际保理业务顺应跨国贸易的发展，起源于欧洲；18 世纪中后期美国独立后，欧洲保理商将这种业务模式带到美国，随着美国经济的迅速崛起，国际保理业务也得到了很大的发展并日渐成熟，现代保理业务由此发展演变而来。随着国际贸易和信用经济的发展，保理作为一种贸易融资结算方式在欧美发达国家得到快速发展，尤其是美国《统一商法典》的颁布实施，极大地促进了保理业务在欧美国家的普及。

1968 年，国际保理商联合会（Factors Chain International，FCI）成立，总部设在荷兰的阿姆斯特丹，是一个由全球各国保理机构参与的开放性的跨国民间会员组织，保理商可以是银行以及非银行金融机构。FCI 旨在为会员公司提供国际保理服务的统一标准、程序、法律依据和规章制度，负责组织协调和技术培训。截至 2018 年，FCI 覆盖全球大约 90 个国家和地区，拥有近 400 家会员，并建立了健全的国际保理业务的法规和准则，是目前全球最大和最具影响力的国际保理组织。

（二）近年全球保理业务发展情况

根据 FCI 发布的统计数据，2018 年全球保理业务总量接近 2.8 万亿欧元，较 2017 年增长 6.5%；其中，国内保理业务增长 8%，占总业务量的 80% 以上，国际保理业务小幅增长 0.6%，占比接近 20%（见图 1）。

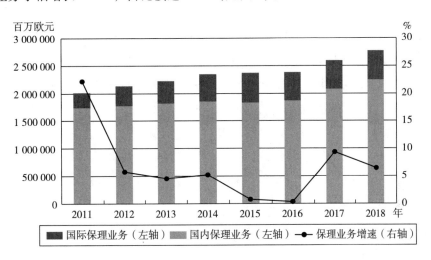

图1　全球保理业务增长情况

1. 全球保理业务的区域分布

从区域分布看，2011—2018 年欧洲保理业务量一直遥遥领先，并且呈现逐年上升的趋势，2017 年完成保理业务超过 1.8 万亿欧元；其次，亚太区域保理业务也一直领先于非洲、北美洲和南美洲，2018 年共完成保理业务 0.7 万亿欧元，但由于近年来处于规模整合阶段，2015 年和 2016 年保理业务量均出现下降，2018 年虽然增长 6%，但增幅明显低于前一年；其他各大洲的保理业务近年来比较稳定，在全球保理业务中占比较小，观察 2018 年保理业务可以看出，非洲同比增长 2.3%，北美洲同比下降 2.5%，南美洲同比增长 3.6%，中东同比增长 10.2%。从业务量占比看，2018 年欧洲业务占全球保理业务的 66.1%，亚太区域作为全球保理第二大市场业务占比为 25.1%（见表 1）。

表1　　　　　　　　全球保理业务量区域分布（2011—2018 年）　　　　单位：百万欧元

地区	2011 年	2012 年	2013 年	2014 年	2015 年	2016 年	2017 年	2018 年	增速（2018 年）
非洲	23 451	23 928	23 123	21 094	18 721	20 393	21 671	22 174	2%
亚太	561 371	616 424	634 441	648 716	596 633	555 550	657 189	695 562	6%
欧洲	1 218 540	1 298 680	1 353 742	1 462 510	1 556 977	1 592 988	1 701 939	1 829 142	7%

续表

地区	2011 年	2012 年	2013 年	2014 年	2015 年	2016 年	2017 年	2018 年	增速 （2018 年）
中东	3 802	4 698	5 000	8 498	8 028	7 583	8 019	8 840	10%
北美	110 284	84 643	89 419	103 501	100 530	95 072	92 392	90 101	−2%
南美	96 188	101 519	101 412	103 124	86 826	104 396	117 088	121 248	4%
全球	2 014 978	2 132 186	2 208 372	2 347 513	2 367 790	2 375 967	2 598 298	2 767 067	6%

2. 欧洲保理业务发展状况

欧洲一直是全球最大的保理业市场，2018 年欧洲市场保理业务增长 9.5%（见图 2）。其中，法国、英国市场均占据欧洲保理市场 17.5% 的份额，法国较上年增长 10.2% 而英国则下降了 −1.3%，欧洲其他成熟市场增长比较显著，意大利增长 8.3%、占比 13.5%，德国增长 5.1%、占比 13.4%，西班牙增长 13.7%；此外，值得注意的是，2018 年波兰、俄罗斯保理业务分别增长 27.5% 和 29.7%，在欧洲保理市场的占比分别为 3.1% 和 2.4%。

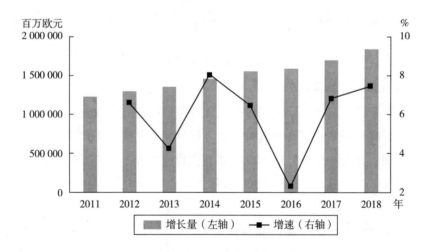

图 2　欧洲保理业务量的增长情况

目前欧洲保理行业发展的主要特点：

一是保理行业集中度较高。截至 2015 年底，英德两国分别拥有保理商数量 49 家和 190 家，其中前 10 家企业占据约 80% 的市场份额，法国保理商总数 12 家，前 3 家企业占据 80% 左右的份额。

二是保理产品比较丰富。传统的出口保理和无追索权保理业务是主营业务，发展最快；同时，欧洲保理商不断开发金融创新产品与传统的保理业务融合，以适应日益变化的市场需求。

三是保理产品客户定位在中小企业。欧洲国家具有良好的市场营销体系和社会信用体系，保理公司能够通过第三方信用评级公司、政府公示平台和社会资信平台等收集融资企业信息，合理确定融资产品价格，降低中小企业的信用风险。

四是拥有完善的法律体系。英国法律认为保理的本质是通过让与的方式实现应收账款债权的转移，适用通知优先原则来规范保理业务；德国对于债权转让限制最小，简便易行，保护受让人利益；法国法律以债权让与和约定代位两种方式进行应收账款转让方面的制度约束。

三、部分国家/地区保理业务发展情况

（一）英国保理行业发展情况

2018 年保理业务额排名前十的国家中欧洲有八个，其中英国表现仍然较为突出，在欧洲整体保理业务规模中占 17.5%。英国保理行业高度发达，2013 年以来，英国保理市场业务量一直在 0.3 万亿欧元以上，银行保理和商业保理均活跃于英国保理市场，主要服务于年营业收入为 50 万~5 000 万英镑的中小规模企业。2011 年以来英国保理市场规模仅次于中国，位列世界第二，但 2016 年以来英国保理业务量已连续两年下降（见图 3），2018 年略低于法国，降至世界第三位。

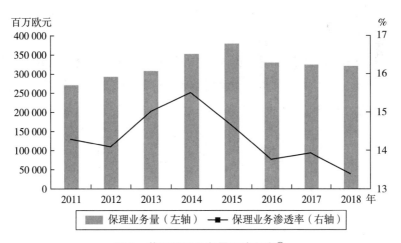

图 3　英国保理业务量及渗透率①

2017 年英国保理业务量占 GDP 的比例（即渗透率）达到 13.9%，近年来比利

---

① 2018 年英国保理业务渗透率数据根据业务量、GDP 和汇率推算得到；其他年份数据来自 FCI 网站。

时、葡萄牙等国保理业务对 GDP 的渗透率虽然已经超过英国，但其保理业务的绝对数量还远远低于英国（见图 4）。

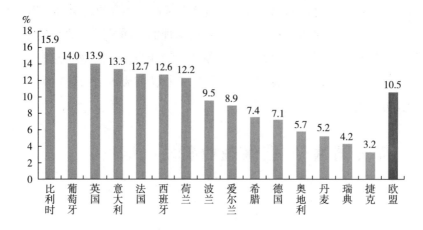

图 4　2017 年部分欧盟国家保理业务渗透率

英国保理市场发展的主要经验包括以下四个方面：

第一，从制度层面来说，英国普通法（Common Law）对债权转让做出了清晰规定，确保了保理商在与债权方签订协议时不必通知债务方，同时一旦保理商买断应收账款，可直接向债务方追讨欠款。

第二，从社会信用建设层面来说，Experian 征信系统覆盖英国的所有个人及企业，作为民间机构，该企业向获得认证的所有金融机构有偿提供完备的信用记录，大大便利了各类企业保理业务的开展。

第三，从融资渠道方面来说，英国前 10 大保理服务提供商中，有 4 家为大型商业银行的控股子公司，两家背靠大型跨国非银行金融机构（通用电气金融、日立金融），充沛的资金来源确保了保理商低廉的运营成本，业务开展难度小。

第四，从市场接纳度来说，作为中小企业主要融资方式，英国国内保理业务量占该国中小企业年产值的三分之一左右，市场接受度较高，小微企业客户总体规模不小。

（二）德国保理行业发展情况

1. 德国保理行业监管情况

2009 年以前，德国保理行业发展环境相对宽松，没有专门的机构对其进行监管，其经营行为主要靠一般性法律、法规、国际公约以及行业自律等进行约束。从 2009 年起德国保理业监管方式发生了转变，德国联邦金融服务监管局（BaFin）作为主要监管部门开始对保理业实施监管，该局隶属于联邦财政部法律和专业监管局，其董事会直接向联邦政府负责。但德国监管要求较为宽松，对于从业者而言，被监管前后主要只发生了两项变化：一是各机构从事保理业务必须向联邦金融管理局提出经营许可申请；二是保理业从业者必须定期向金融监管机构提交各类经营状况报告等，并接受审计。

德国将保理业纳入金融监管，主要是保理业经过几十年的发展在金融服务领域发挥的作用日益增强，其监管需求增加使然。政府将保理业作为一项金融服务纳入统一监管范畴，不仅使保理业的监管更规范、更明晰、更主动，而且也使其金融监管体系更为完善。但由于银行法中对其他金融机构的很多约束性条款对保理业并无要求，而且从事保理的企业多为金融机构的分支或者下属机构，在保理业纳入监管前就已经在间接地接受银行体系的监管，所以实际上德国保理业发展的法律监管环境基本没有大的变化。

2. 德国保理行业市场现状

德国现代保理业务从 1959 年开始，是欧洲最早开展保理业务的国家之一。19世纪 70 年代后，由于银行开始介入保理业以及一批保理公司陆续成立，德国保理业取得实质性发展。19 世纪 80 年代以后，保理的融资功能开始受到重视和发展，保理在德国逐渐成为集融资、服务、信用保险于一体的金融服务工具。

2013 年以来，德国保理业总营业额以每年约 8% 的速度持续增长，2018 年总营业额增长 5.1%，达到 2 443 亿欧元；2018 年德国保理业营业额在欧洲位居第四（次于法国、英国和意大利），占欧洲份额的 13.4%，多数保理企业都是德国保理业协会的会员单位；2018 年，德国保理业务对 GDP 渗透率为 7.2%，较上一年提升0.1 个百分点，自 2011 年以来基本保持每年 0.2 个百分点的提升速度（见图 5），这表明保理行业在德国国民经济中的地位日趋重要，预计未来德国保理业仍将保持良好的增长态势。

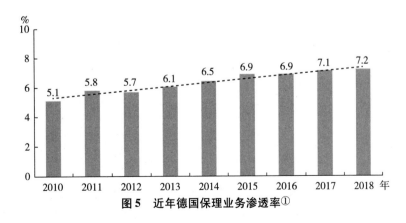

图 5　近年德国保理业务渗透率①

① 2018 年业务渗透率根据 GDP 及保理业务量数据计算得到，其他年份数据来自 FCI 网站。

德国保理市场发展的主要特点：

第一，有追索权的保理业务占比很低。在德国，无追索权保理业务发展较快，有追索权的保理业务在其成文法和判例中都被认为是一种债权抵押借贷，被称为应收账款融资（Accounts Receivable Financing）；有追索权的保理业务在保理业务中占比非常低，2015年以来占比大约为1%。

第二，近年国际保理业务占比有所提升。从业务范围看，目前德国保理业务仍然是以国内为主，2018年其国际保理业务营业额占总营业额的比重为31.6%，高于欧洲19.5%的平均水平；从近年数据看，2013年和2014年德国国际保理业务占比分别为23.7%和25.4%，发展至2016—2018年超过30%的水平，基本每年提升约1.5个百分点。

第三，德国保理业市场集中度比较高。在德国，从事保理业务的主体主要是银行的下设机构、分支机构以及其他独立的金融机构，排名前十位的保理公司包括德国保理银行（Deutsche Factoring Bank）、通用金融（GE Capital）、欧洲保理公司（Eurofactor）、ABC金融公司（ABC Finance）等金融机构。

（三）中国台湾地区保理行业发展情况

中国台湾地区1986年首次引进国际保理业务，2001年开始进入快速发展时期，同年保理业务量达到19.8亿欧元，超过中国香港、新加坡等地区；经过几十年的发展，中国台湾地区保理业务不断成长，经历了1997年和2008年的波动发展阶段，2018年中国台湾地区保理业务量为412亿欧元（见图6）。

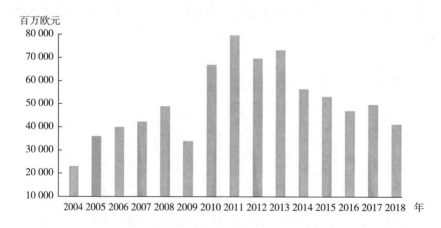

图6　近年中国台湾地区保理业务量

近年中国台湾地区保理业务发展的主要特点：

第一，经过2010年和2011年的快速增长阶段，目前保理业务量呈回落趋势。

2011 年中国台湾地区保理业务量增至近 800 亿欧元的高位，其后 7 年中有 5 年业务量较前一年回落，2018 年保理业务量下降 16.9% 至 412 亿欧元，接近 2006 年和 2007 年的业务水平。

第二，中国台湾地区保理业务以国际保理为主，近年国际保理业务比重超过 60%。与全球保理业务中国内保理业务 80% 左右、国际保理业务 20% 左右的比例不同，中国台湾地区主要发展国际保理业务，2014—2016 年国际保理业务份额七成以上，2017 年和 2018 年也均在 65% 以上。

第三，近年中国台湾地区保理行业在亚洲的领先地位逐渐弱化，业务份额不断走低。2007 年中国台湾地区保理业务在亚洲市场份额为 20.4%，2010—2011 年已降至 15% 左右，2018 年仅为 5.9%；2018 年亚洲地区除了中国内地，中国香港、日本、新加坡等国家和地区保理业务量也都超过中国台湾地区。

中国台湾地区保理业务经历了前期的繁荣波动发展阶段，目前看可能进入稳步发展小幅波动时期，2015—2018 年中国台湾地区保理业务对 GDP 渗透率从 11.2% 降至 8.5%，较前一阶段下降明显，但与目前全球 4% 左右的渗透率水平相比，保理行业在中国台湾地区的重要性依然较高。但是，由于周边地区保理业务的逐渐兴起，中国台湾保理行业发展仍需提高质量，进一步增强业务竞争力。

（四）我国保理行业发展现状

我国保理业务起步较晚，1992 年中国银行率先推出了保理业务，其后中国保理业务量每年基本在几千万美元左右，到 2000 年中国保理业务从无到有并获得一定程度的发展；近年来随着我国保理业务的快速发展，中国已经成为全球规模最大的保理市场。

1. 我国保理业务发展情况

2012 年之前我国保理业务增长迅速，2012—2016 年经历了稳步增长之后有所回落的发展阶段，2018 年我国保理业务增长 1.5% 至 4 115.7 亿欧元（见图7）；近两年我国的国内保理业务比重呈现上升趋势，2018 年国内保理业务占比已升至 90.3%，国际保理业务仅占 9.7%。从国际视角看，我国保理业务额在全球的业务占比从 2006 年之前不足 1% 的水平升至 2010 年接近 10% 的水平，目前我国保理业务占全球的比重在 15% 左右；大致从 2011 年开始，我国保理业务金额已经超过英国，成为世界保理业务量最大的国家。

根据 FCI 公布的保理业务量计算中国保理业务对 GDP 的渗透率，发现在 2011—2014 年四年间，得益于保理业务的高速增长，我国的保理业务对 GDP 渗透率超过 5%；2015 年以来，渗透率回落至不足 4% 的水平，与世界平均水平相差不多，但是

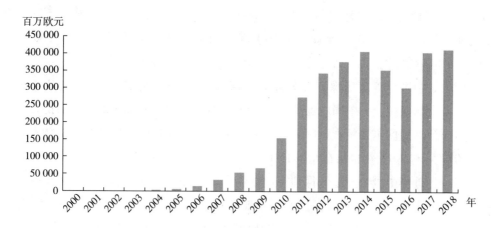

图7　近年中国保理业务发展情况

与欧洲国家超过10%的渗透率相比差距仍然明显，发展潜力较大。

2. 我国的银行保理和商业保理发展

我国的保理业务可以分为银行保理和商业保理，商业保理业务和银行保理业务主要存在以下区别：

第一，从发展阶段上来说，商业保理相对银行保理而言发展缓慢。1992年中国银行成为我国第一家开展保理业务的机构，此时我国保理业务全部为银行保理，银行保理业务得以发展；随着经济发展的深化和贸易交易的繁荣，商业保理逐渐赢得市场认可，2004年开始陆续有商业保理公司获准经营保理业务，2012年商务部在部分地区开展商业保理试点，商业保理首次获得政策的肯定与支持，其后商业保理业务得到快速发展，商业保理企业数量也出现快速增长。

第二，从服务对象来说，商业保理和银行保理的主要客户群不同。一般来说，银行保理业务主要针对的是大中型企业，我国商业银行受成本、风险等方面的影响，其保理业务主要服务于大企业和大单位，往往不愿接触中小微企业的市场；我国发展商业保理的目的主要是实现与银行保理业务的差异化竞争，为融资困难的中小企业提供更多优质的金融服务，因此商业保理公司面对的客户更多的是中小型企业，这样有利于解决中小企业的融资难问题进而促进实体经济的发展。

第三，从监管体系来说，银行保理和商业保理面对的主要监管部门不同。银行保理业务的监管部门为银保监会，其业务归属于"综合性金融服务"；商业保理行业的快速发展主要得益于政府推动，最初的监管部门为商务部，业务定位为"综合性商贸服务"，经过重新梳理目前商业保理公司的监管部门为各地金融局，明确了保理业务主要提供的是金融服务，这将更有利于保理公司开展业务。

四、促进我国保理业务发展的建议

无论从保理行业所处的发展阶段还是我国的经济体量看，保理业务在我国都具有很大的发展空间，尤其目前中国正处于经济结构调整阶段，保理业的发展对促进经济社会发展的意义也比较大。为进一步促进我国保理业务的发展，丰富业务类型，支持实体经济，帮助企业获得持续稳定的金融服务，我们提出以下几点政策建议。

一是进一步完善保理行业的相关法律制度。欧洲保理业务强国已经形成了较为成熟的业务模式和被广泛认可的国际惯例，而我国保理业务与国际标准实务差距较大，保理市场还没有形成统一的业务规则和监管规则，银行保理的监管办法滞后于发展实践，商业保理的监管规则也有待出台，这成为我国保理商向国际市场发展的一个"瓶颈"，我们需要为保理行业发展提供更加完善的法律制度环境，同时，可以进一步发挥行业自律组织的作用，使我国向着保理强国的目标进一步迈近。

二是适当增加行业集中度，提高企业竞争力。欧盟国家保理行业集中度相对较高，市场上保理公司开展业务更加活跃，中国台湾地区中小银行保理业务相对活跃，而我国在政策的鼓励下注册了众多商业保理公司，但实际开业比例并不高（数据显示，截至2016年底全国商业保理企业整体开业比例为20%左右，约1 100家）；我国目前保理业务量居于首位，但是与欧洲国家相比保理业务对GDP的渗透率仍然偏低，应适当增加行业集中度，鼓励企业扩大业务规模，提高市场竞争力。

三是应注重控制行业风险、回归业务本源。保理业务不仅为中小企业的融资提供了保障，同时丰富了银行的业务品种，按照当前金融服务实体经济、防范系统性风险的政策导向，加大对民营经济和中小企业的服务力度是未来保理业务发展的主要方向；在这种背景下，应加大对保理商的监管力度，让保理业务回归本源，促进银行保理和商业保理的优势互补，还可以借鉴欧美国家保理商的做法，加强保理商与保险公司的合作，尝试开展保理业务保险，在规范运作的基础上积极有效地防范风险。

参考文献

［1］田辉．如何理解监管分割下的中国保理业［J］．发展研究，2015（3）．

［2］钟礼斌．论我国商业保理的风险及其防范控制［D］．云南财经大学论文，2015．

［3］国际保理商联合会网站，https：//fci．nl/en/home．

［4］驻德国经商参处．德国保理业监管及发展情况．2013－03－28．http：//

de. mofcom. gov. cn/article/ztdy/201303/20130300070761. shtml.

［5］许荻迪. 新常态下我国商业保理行业发展战略研究［J］. 政策研究，2017（7）.

［6］曲维玺，韩家平. 全球及中国保理行业发展特点、趋势分析与政策建议［J］. 国际贸易，2019（1）.

［7］李盈. 基于中小企业融资视角下的国际保理业务研究［D］. 海南大学论文，2015.

［8］潘光伟. 发挥保理业务优势 助力实体经济发展［J］. 中国银行业，2018（7）.

我国医药制造业发展趋势及策略分析

黄礼健　杨　宇　吕海芳[①]

2020 年以来新冠肺炎疫情爆发以及在全球扩散蔓延，凸显发展医药卫生特别是医药制造业的重要性。事实上，医药制造业不仅有助于保护人民身体健康、提高生活质量，而且对国民经济和社会发展也至关重要。本文扼要分析了我国医药制造业的发展现状，着重研究了医药制造业的发展动因和未来趋势，并就商业银行提升医药制造业的金融服务水平提出策略建议。

一、医药制造业发展现状

近些年来，我国医药制造业经营收入保持较快增长，企业效益和管理指标稳步提升，但整体发展水平有待提高。

（一）行业规模持续扩大

近些年来，我国医药制造业保持较快增长态势，行业规模持续扩大。2018 年，我国规模以上医药制造业企业主营业务收入达到 2.4 万亿元，同比增长 12.6%。2011—2018 年，医药制造业增速均保持在 15% 以上，增速明显快于制造业平均水平（见图 1）。2019 年上半年，医药制造业企业主营业务收入达到 1.4 万亿元，同比增长 8.9%，增速比制造业平均水平高出 4.3 个百分点。

（二）企业盈利较快增长

我国医药制造业在规模持续扩大的同时，企业盈利保持平稳增长。2018 年，我国规模以上医药制造业企业利润总额达到 3 094 亿元，同比增长 9.5%。2011—2018年，医药制造业增速均保持在 16%，增速明显快于制造业平均水平（见图 2）。2019

---

①　作者简介：黄礼健、杨宇、吕海芳，现均供职于交通银行北京市分行。

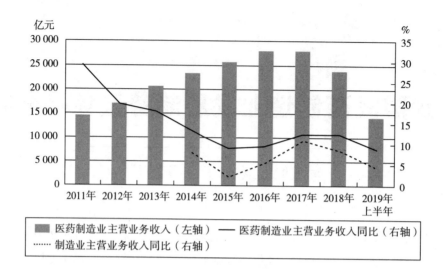

图1 2011年至2019上半年我国医药制造业营收情况

（资料来源：国家统计局，下同。）

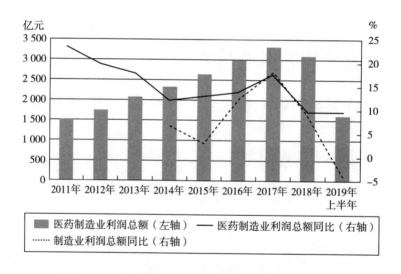

图2 2011年至2019上半年我国医药制造业盈利情况

年上半年，医药制造业企业利润总额1 608亿元，同比增长9.4%，而同期制造业企业利润总额下降4.1%。

（三）企业经营稳定提升

一是资产负债率稳定。我国医药制造业企业资产负债率总体保持在45%以下，2018年末和2019年中均为42%，处于十分安全的范围。二是销售利润率提升。我国医药制造业企业销售利润率从2011年的10.3%提升至2018年的12.9%，远高于同时期制造业平均水平（见图3）。三是从业人员继续增加。近年来，我国制造业从业人员持续下降，与此不同，医药制造业从业人员继续上升，2018年末为208万人，比2011年末净增加36万人。

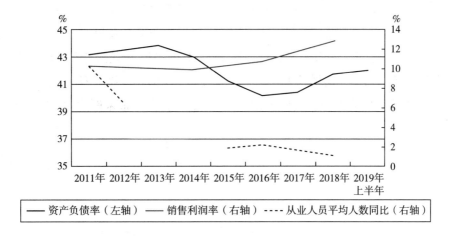

图3　2011年至2019年上半年我国医药制造业经营情况

（四）发展水平整体不高

虽然我国医药制造业取得长足发展，但整体水平不高，突出表现为企业规模小而散。2018年，我国规模以上医药制造业企业多达7 600家，企业平均营收为3.2亿元，平均利润仅为4 100万元。由于规模小而散，大多数企业缺乏资金实力和研发能力，对新药研制投入相对不足。以优秀医药制造企业代表的上市公司为例，2018年我国制药工业上市公司研发投入661亿元，占营收的比重仅为5%，而2018年全球前50家制药企业研发投入为1 265亿美元，占营收的比重接近19%。整体来看，目前我国医药制造业发展水平在全球处于中低端阶段，技术和产品都相对落后，且以仿制国外新药为主，具有自主知识产权的创新药很少。

二、医药制造业发展动因

近年来我国医药制造业保持较快发展，源于人民生活水平提高和健康意识明显加强，特别是人口老龄化加快发展、医疗保障事业快速增长以及全球新药研发加快、医疗体制改革深入推进，使得医疗保健有效需求不断增长和提高，同时人才资本加快向医药制造业集聚。

（一）人口老龄化明显加快

近年来我国人口老龄化继续加快。2011 年末，我国 65 岁及以上老年人口 1.23 亿人，占总人口的比重为 9.1%。至 2018 年末，我国 65 岁及以上老年人口为 1.67 亿人，占总人口的比重已达到 11.6%（见图 4）。由于死亡率降低、人均寿命延长以及第二次人口生育高峰等因素，预计从 2022 年到 2030 年我国老年人口迅猛增长，65 岁及以上老年人口年均增长 1 260 万人，老年人口总数达到 3.71 亿人，老龄化水平将达到 25.3%。显然，随着人口老龄化程度加快，必然带来医疗及医药需求的大幅增长。

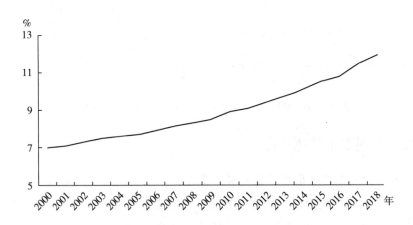

图 4　2000—2018 年我国人口老龄化发展情况

（二）医保收支快速增长

我国在基本实现基本医疗保险全覆盖的基础上，随着居民收入不断增长，基本医保基金收支保持快速增长。2018 年，全国基本医保基金总收入 21 384 亿元，比上年增长 19.3%，占当年 GDP 比重约为 2.4%，比 2000 年增长了 125 倍；全国基本医保基金总支出 17 822 亿元，比上年增长 23.6%，占当年 GDP 比重约为 2.0%，比 2000 年增长了 142 倍（见图 5）。2018 年，全国基本医保基金累计结存 23 440 亿元。医保基金收支快速增长，为我国医疗卫生及医药制造业发展提供了强有力的支持。

（三）全球医疗技术革新

近年来，在基因革命推动下的基因编辑、精准医疗、CAR－T 疗法等新医疗技术蓬勃发展，加之 3D 打印技术、人工智能等推动，全球加快新药研制和开发。2001 年，全球在研药物项目为 5 995 个，2018 年增至 15 267 个，2019 年 4 月达到

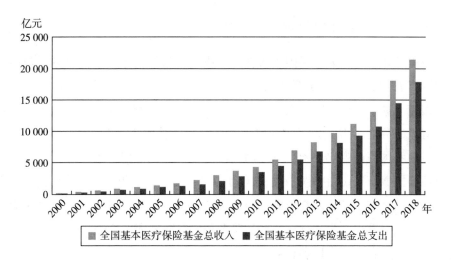

图5　2000—2018年我国医疗保险基金收支情况

16 181个，其中研发重点方向是CAR－T、基因编辑等生物类药物，研发主体是美欧大企业。同时，美欧等药品监督管理部门通过快速通道、突破性疗法、加速批准和优先审评等方式，加快新药上市。1996—2015年，全球发现700多种包括小分子和大分子实体在内的新活性物质（New Active Substance，NAS），其中667种作为创新生物药在美国获批上市。

（四）医疗体制改革深入推进

近年来，我国从"医保、医疗、医药"三个方面深入推进医疗体制改革。在医保方面，继续提高医疗保障水平，合理使用医保资金；在医疗方面，深化公立医院综合改革，提高医疗卫生服务质量，解决群众看病难的问题，以治病为中心转向维护全民健康；在医药方面，进一步深化药品医疗器械审批审评制度改革，并加强药品、医疗器械和化妆品生产、流通和使用环节监管。2018年，国务院组建国家医疗保障局、国家卫生健康委员会和国家药品监督管理局，分别牵头推进"医保、医疗、医药"三方面改革。

我国深入推进医疗体制改革，对当前及未来一段时期医药制造业发展产生较大影响。一是医疗保障局成立后，作为药品战略性购买者，2019年3月开启了药品集中采购和使用试点，并于9月进行试点扩围，推进我国药品产销从"高定价、高费用"模式转向"高疗效、低价格"模式。二是药品监督管理局通过加入国际人用药品注册技术协调会（ICH），进一步与国际接轨，深入推进药品审批审评制度改革，从优化审批流程、加强IP保护、鼓励罕见病用药审批及降低税率等角度，全方位支持和鼓励制药企业开展新药研发，并开展仿制药一致性评价，提升药品生产质量和疗效。

（五）人才资本加快集聚

为吸引海外高层次人才回国创新创业，我国颁布了一系列鼓励计划，包括"千人计划""万人计划""长江学者奖励计划"等。在此背景下，海外优秀生物医药人才加速回流。据不完全统计，在"千人计划"引进的6 000余名高层次创新创业人才中，有近三分之一为生物医药领域优秀科学家和技术人员[①]。大批海外高层次人才归国，使我国医药制造业研发实力显著提升。另外，2019年6月科创板正式推出，类似美国NASDAQ中医疗保健是上市公司数量最多的板块，生物医药是科创板重点支持的高新技术产业。在规则导向上，科创板重研发轻盈利，明文规定允许无利润、无收入但取得至少一项核心产品获准开展二期临床试验的医药企业上市融资，这将极大地促进资本进入医药行业。

三、医药制造业发展趋势

在需求增长、技术革新、政策鼓励、人才集聚、资本投入等多因素共同作用下，未来一段时期我国医药制造业将处于黄金发展期，呈现规模扩张、创新升级、竞争分化的格局。

（一）规模扩张

近年来，我国卫生总费用呈现快速发展态势。2018年，全国卫生总费用为5.8万亿元，是2010年的2.9倍，8年间年复合增长14.2%；卫生总费用占GDP百分比达到6.4%，占比较2010年提升1.6个百分点（见图6）。虽然近年来我国卫生总费用占GDP比重持续提高，但是6%左右的占比只是发展中国家平均水平，而老龄化严重的发达国家这一比例通常在12%左右。可以预见，随着人口老龄化加速和医疗保障事业继续发展，我国卫生总费用仍将明显快于GDP增速。近年来医药制造业营收规模约占卫生总费用的四成，预计未来很长一段时间医药制造业规模仍将继续保持10%左右的增长。

（二）创新升级

近两年来，我国医药制造企业在技术创新、人才集聚和资金投入等推动下，进一步加大研发投入力度。2018年，我国制药工业上市公司研发投入较2017年增长

---

① 华人科学家在生命科学基础研究领域有巨大贡献，尤其是欧美肿瘤免疫疗法的开发中贡献卓著。

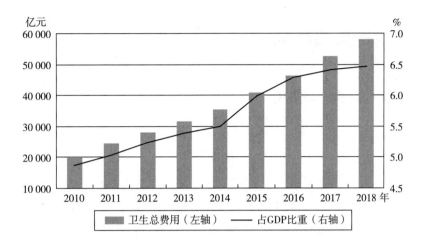

图6　2010—2018年我国卫生总费用情况

一倍，占营收的比重较2017年大幅提高2个百分点。在研发投入的推动下，我国医药制造业迎来创新发展和产业升级的黄金期。

一是生物制药将大放异彩。生物药凭借优异疗效逐渐火热，当前销售额排名全球前列的大多是生物药，包括"药王"修美乐、罗氏"三大单抗"等，生物药已逐渐成为全球各大药企重点布局的未来方向。在发展方向上，抗体药物向人源化、抗体耦合药、双特异性抗体发展，细胞治疗向CAR－T免疫细胞治疗、干细胞治疗发展。

二是化学药向精准医疗方向发展。随着基因测序技术进步和相关试剂成功开发，小分子药物进入基于分子靶向时代。高通量筛选、虚拟筛选、基于结构的药物设计以及先导化合物的优化等成为小分子药物发现的常见技术，同时蛋白相互作用的抑制剂、基于结构的药物发现等新技术，为化学药发展注入新动力。

三是人口老龄化进程加快及伴随生活方式的改变，恶性肿瘤、糖尿病、高血压高血脂、神经系统用药、慢性肾病等慢性发病率明显提高，感染性疾病、消化系统疾病的发病率有望缓步下降，相关药物研发和生产将继续向主流疾病方向发展。

（三）竞争分化

在政策推动和创新发展下，未来我国医药制造业进入"强者恒强"的竞争分化阶段，研发能力强、资金实力雄厚的企业将不断发展扩大，但是一大批仿制药企业特别是一些只依靠销售能力而医疗效果不佳的企业将面临生存危机。未来一段时间，在市场竞争加大的情况下，医药制造业有望加大兼并重组力度，行业集中度将大幅提高，在生物药及精准医疗等新兴领域将出现一批国际一流企业。

四、银行策略建议

（一）医药制造企业特征

目前，我国医药产业链构成形式主要分为以下两种：（1）药品原料供应商—核心企业—医院/药店—消费者；（2）药品原料供应商—核心企业—批发商—医院/药店—消费者；批发商包括代理商、一级药批、二级药批等。在医药产业链处于核心地位的是医药制药企业。从企业发展生命周期看，相比于一般制造企业（不含高科技制造企业），医药制造企业由于研发周期长、投入大，在初创阶段一般默默无闻，一旦研发成功并获得上市许可后，营收将会有爆发式增长。

（二）策略建议

未来一段时期我国医药制造业处于黄金发展期，为此商业银行需要把握市场发展机会，在精选客户的基础上全力支持医药制造企业发展，提供包括股权投资、债权资金支持等在内的全方位金融服务。在股权投资方面，由于医药制造企业研发周期长、投入大，在前期研发阶段，股权融资对于医药制造企业至关重要，建议商业银行通过旗下或有良好合作关系的产业投资基金为公司提供资金支持，在一定程度上为企业提供背书，将更有助于企业寻求市场中其他投资机构的投资资金。在债权融资方面，可根据企业所处的不同发展阶段，提供固定资产贷款、融资租赁、投贷联动以及供应链金融等金融支持，有效满足企业资金需求，推动企业做大做强。

"渔业养殖权交易平台＋政银保＋气象指数"金融支渔项目运行成效、问题及对策分析[①]

邢　玥　徐潇潇[②]

摘要： 渔业是高风险行业。江苏高邮湖区的渔业饱受气象、水文灾害的影响，渔民常年来面临着"靠天收"的境况。为此，江苏高邮湖区创设"渔业养殖权交易平台＋政银保＋气象指数"金融支渔项目，地方政府、渔业管理部门、银行、保险公司、渔业养殖权交易平台等各方通力合作，创设风险管控机制，利用气象保险和渔业专项贷款等金融工具共担渔业风险，减少渔民因灾致贫、因灾返贫状况。本文分别从该项目的背景、发展现状、存在问题和后续建议等方面进行了分析，以期优化渔业专项扶持资金分配，整合相关风险管控资源，从而降低渔业风险，稳定渔民收入，推动高邮湖区渔业的转型升级。

关键词： 金融支渔　风险管控机制　气象保险

引言

江苏省市各级政府相继提出并组织实施了大运河文化带建设、江淮生态大走廊建设、江淮生态经济区建设等重大战略，而高邮湖正处在这些重大生态、经济战略部署的"腹心位置"，在这样的时代背景和区域环境下，江苏省高宝邵伯湖管办在明确"捍卫环保基线、保护生态红线、守住资源底线"的基础上，采取了"退养还湖"、大力发展"休闲渔业"，构建绿色发展生态体系等渔业扶贫措施，同时，针对

①　本研究受国家级大学生科研创新项目《"渔＋政＋气"项目风险管控机制对渔民收入的影响——以江苏高邮金融支渔项目为例》（中央民族大学）资助，项目编号：GCCX2019110088，指导教师：张兴无。感谢项目组其他成员在实践调研中给予的帮助和写作启发。

②　作者简介：邢玥、徐潇潇，均就读于中央民族大学经济学院。

既没有纳入"退渔"计划又没有能力实现产业转型升级的渔民，创设了"渔业养殖权交易平台＋政银保＋气象指数"（以下简称"渔＋政＋气"）项目，金融支渔应运而生。金融支渔是指政府通过财政资金的提供撬动银行贷款，让渔民减轻贷款负担，加以保险公司的兜底和风险保障，解决渔民的后顾之忧，建立渔业信贷担保体系，以达到精准扶贫的效果。渔业保险在该项目中作为一种市场化的风险转移和损失分担机制，在分散渔业风险、补偿渔业损失、提高渔业综合生产能力和促进渔民增收方面发挥着重要作用。目前，江苏省首个金融支渔创新项目"渔＋政＋气"已签约坐落于高邮湖，自实施以来取得了不小的成效。本文拟通过对"渔＋政＋气"金融支渔项目的发展现状进行分析，探究该项目各主体的作用与联系，分析其对渔业的风险管控模式及帮扶渔民分担渔业风险的成效，指出"渔＋政＋气"项目在发展过程中遇到的内、外制约因素和问题，并结合当地的实际情况提出了该项目可持续发展的对策建议。

一、研究背景

全面建成小康社会，最艰巨、最繁重的任务在农村，但是脱贫主体中备受关注的一直是农民、农村，渔民的绝对贫困群体在农业贫困人口中所占比重不大，学术界在农民脱贫方面的研究也远多于对渔民脱贫的研究。然而，进入"十三五"后，渔业资源环境约束日益加大，传统渔业生产方式受到限制，渔业发展空间不断压缩，渔民增收难度加大（见图1），收入级差加大和部分渔民长期贫困的问题同时存在。另外，渔业高投入、高风险的行业特征并未得到根本改变，渔民缺乏社会保障，逐渐成为被社会遗忘的群体。当前农村扶贫工作进入攻坚阶段，减贫成本更高，脱贫

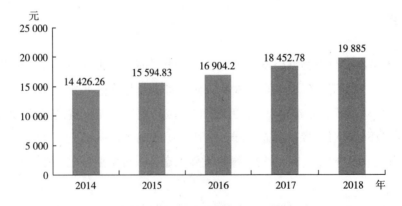

图1　2014—2018年全国渔民人均纯收入

（资料来源：中国国家统计年鉴。）

难度更大。

高邮湖位于国家历史文化名城江苏省高邮市，是全国第六大淡水湖、江苏省第三大淡水湖，总面积 760.67 平方千米。由于自然环境和地理位置的先天优势，高邮湖的渔业资源丰富，自然条件良好，其渔业捕捞历史悠久。高邮湖区 2017 年渔业总产值 2.91 亿元，渔业户（包含养殖和捕捞）13 768 户。截至 2018 年，湖区内共有渔业人口 43 618 人，其中传统渔民 8 520 人。渔业作为高邮湖区大量村民的主要收入来源，在村民的生产生活中占据重要地位，因此，解决当地湖区渔民因灾返贫、因灾致贫的问题尤为重要。

为此，江苏省于 2016 年起先行先试"金融支渔模式"探索试验，以风险管控为核心，以天气指数保险为金融服务的主突破口，配合渔业专项贷款"富渔贷"，开发了适合高邮湖渔业生产实际的金融产品"渔＋政＋气"项目。

二、江苏高邮湖区"渔＋政＋气"项目运行模式和实施效果概况

江苏高邮湖区的"渔＋政＋气"金融支渔项目是由渔业行政主管部门、各级政府、银行、保险公司和渔业养殖权交易平台各方各司其职、共创共建，从而形成的一个较为完善的渔业风险管控模式。各方紧密联系，完成了渔业的风险转移和损失分担，该项目在支渔、助渔、惠渔、富渔方面起到了一定的积极作用，并得到当地渔民的广泛认可。

（一）项目运行模式

"渔＋政＋气"项目主要是以高邮湖（高邮市辖区）的持证养殖渔民为服务对象，养殖渔民以养殖权作为抵押，在地方政府开通的渔业养殖权交易平台上进行交易，获得银行提供的贷款；保险公司为银行贷款提供保证保险，同时为养殖户提供水位保险和台风保险；用中央财政的项目资金和地方政府配套的资金建立风险补偿基金池，作为银行提供渔业贷款，保险公司提供保证保险、水位保险、台风保险的后盾，主要用于保费补贴和补偿风险发生后，银行、保险公司无力赔付的部分（见图 2）。

（二）项目各主体的职责

地方政府为项目实施和稳定运行营造良好的制度环境、法律环境和政策环境；保险公司主要为洪水、强风灾害风险提供承保理赔服务，利用保险产品的价格

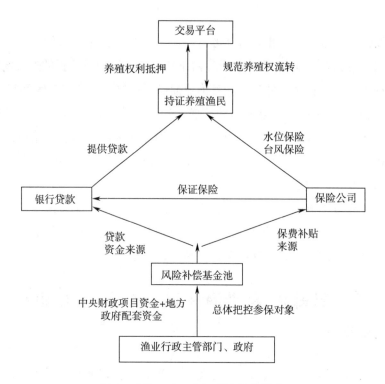

图2 "渔+政+气"项目运作模式

调节作用，引导渔业生产者积极进行灾后的养渔资源重建，合理投资，有效分散风险；

银行满足了渔业生产、经营、流通等产业发展的资金需求，切实解决湖区渔业生产中"贷款难、贷款繁、贷款贵"的问题；

渔业行政主管部门在整个风险管控过程中起主导作用，筹划顶层设计、制定支渔体系、确保资金安全、推荐信用客户、出台扶持政策、研究保障条款、调查民生实际、优化实施方案、调处各类矛盾。

（三）项目的风险管控机制

风险管控是指风险管理者采取各种措施和方法，消灭或减少风险事件发生的各种可能性，或者减少风险事件发生时造成的损失。风险管控的四种基本机制为：损失控制、风险转移、风险保留、风险回避。

在高邮湖地区运行的"渔+政+气"金融支渔项目的风险管控机制下，渔业行政主管部门和政府共同设立风险基金池，总体把控参保对象，通过金融机构的专业审查，风险可控；银行可以放心把钱放贷给渔民，因为一方面有渔民的养殖权作为抵押，另一方面有保险公司为其贷款作保证保险；保险公司因为有政府设立的风险基金池作后盾也可以放心为渔民提供渔业气象、水文保险，形成一种市场化的风险转移和损失分担机制，同时为银行作保证保险；有政府的保费补贴，渔民也愿意花很少的钱投保水位保险和台风保险，这样搭建一个多方共同合作的平台，通过政策对接，共同分散渔业风险，补偿渔民损失，提高渔业综合生产能力和促进渔民增收，实现损失控制、风险转移、风险共担，达到一加一大于二的效果。

（四）项目运行概况

从图3可以看到渔民对"渔＋政＋气"项目风险管控机制各主体的评价。其中认为保险公司在此机制中效用好、一般、较差的比例分别是67.05%、29.55%和3.41%；认为银行在此机制中效用好、一般、较差的比例分别是26.42%、34.66%、38.92%；认为渔管办在此机制中效用好、一般、较差的比例分别是69.89%、25.85%、4.26%。总体来说，我们可以认为"渔＋政＋气"项目风险管控机制在支渔、助渔、惠渔、富渔方面起到一定积极作用并得到当地渔民的认可。但作为一个联动的长效机制，各主体都应发挥出更大的作用，促进当地渔业养殖业的更大发展。

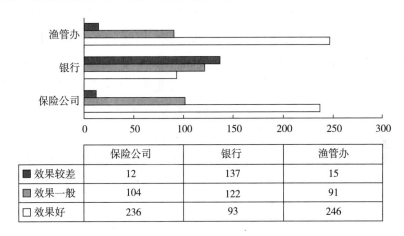

	保险公司	银行	渔管办
■ 效果较差	12	137	15
▦ 效果一般	104	122	91
□ 效果好	236	93	246

图3　渔民对"渔＋政＋气"项目风险管控机制的评价

（资料来源：实地调研问卷，共计352份。）

三、"渔＋政＋气"项目风险管控成效分析

由于该项目的核心目标是在各主体间合理分担风险，通过风险管控的方式避免渔民因灾返贫，最终形成惠渔、富渔的长效机制，所以我们在对该项目风险管控的成效分析中从保险的覆盖率及保费使用效率、渔民免于受损情况、银行贷款资金使用效率、财政投入资金四个方面全面地进行数据统计和分析。

（一）保险覆盖率及渔民免于受损概况

项目自 2016 年开展以来至 2018 年，投保的养殖户由 113 户上升至 773 户，试点区的保险覆盖率连年上升，由 91.1% 上升至 100%。其中，政府及渔业管理部门起到了很好的宣传、鼓动作用。同时，基金池发挥出了补贴渔民投保的作用，也在一定程度上引导了渔民积极购买气象保险（见表1）。

表1　　　　　　　　　　当地气象保险成效概况

年份	洪水水位保险投保面积（亩）	强风保险投保网围长度（万米）	投保养殖数量（户）	试点区域参保率（%）
2016	30 300	1	113	91.1
2017	62 720	2	426	—
2018	90 200	3	773	100

资料来源：江苏省高宝邵伯湖渔业管理委员会。

据调查，近五年来当地出现过大风和高水位等气象灾害。渔民的养殖和捕捞存在一定的风险性，这也是高邮市大力推行"渔+政+气"风险管控项目的原因。表2显示出了渔民在投保前后每年能免于亏损的金额，我们以此来判断该项目对于防治渔民"因灾致贫"和增加渔民收入的作用效果。投保的渔民几乎均减少了气象灾害对生产养殖带来的亏损，约有 52.27% 的渔民年均免于亏损金额在 1 万元以下，17.90% 免于亏损金额为 1 万~2 万元，23.01% 的渔民免于亏损金额为 2 万~3 万元，5.97% 的渔民免于亏损金额在 3 万元以上，保险补偿金大多用于弥补养殖设备损失和购买来年的养殖产品。由此可见，渔业灾害保险对渔民免于受灾起到了不同程度的积极作用。

表2　　　　　　　渔民在投保前后（每年）免于亏损金额

免于亏损金额	1 万元以下	1 万~2 万元	2 万~3 万元	3 万元以上	不记得了
频数（人）	184	63	81	21	3
比例（%）	52.27	17.90	23.01	5.97	0.85

资料来源：实地调研问卷，共计 352 份。

（二）银行贷款资金使用效率

通过数据整理我们得出表3，发现在调查的 86 户渔民中，申请到银行贷款的共有 10 户，贷款覆盖面积为 11.63%，可见银行贷款可用资金不足，贷款门槛较高。在渔村之间差异显著，湖滨村共 9 户渔民中无一申请到贷款，而界首村 21 户渔民中有 6 户，即 7.06% 申请到了银行贷款。从图 4 贷款使用方式进行分析，可知有 4 户即 40% 选择了将贷款资金用于商业经营，有 3 户即 30% 用于日常生活支出，仅有两户即20％选择用于扩大渔业养殖规模或改进养殖技术。从贷款资金的流向可以看出，渔民对于该项目的认知程度不高以及从事渔业养殖的动力较弱。

表3   银行贷款覆盖率及分布情况

村名	界首村	永安村	夹沟渔业村	高邮湖村	湖滨村
申请贷款频数（户）	6	1	1	3	0
申请贷款占比（％）	28.57	4.35	7.69	15	0

资料来源：中国农业银行扬州分行。

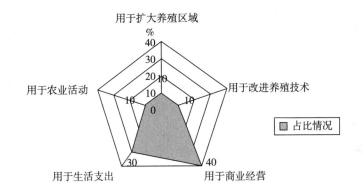

图4　银行贷款资金流向

（资料来源：实地调研问卷。）

（三）财政投入资金的使用效率

在该项目中，财政资金不以直接拨款下发给贫困渔民的方式来帮助他们脱贫致富，而是通过财政资金撬动金融资本的方式，创新了富渔方式，落实了惠渔政策。因而讨论财政投入资金的使用效率是必要的。中央财政和地方财政在该项目中都有一定的资金支持，其拨款资金流向见图5。

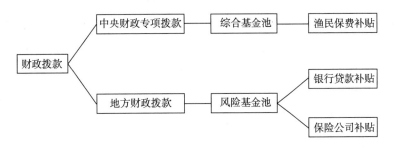

图5　财政拨款流向示意图

中央财政在三年试行期内共下发了300万元专项拨款，全部用于渔民的保费补贴，根据渔管办的规定，每年使用100万元进行补贴。通过数据整理我们得出表4，可看出三年约投入 210 万元，中央财政拨款建设的综合基金池使用率约为 70%。

地方财政拨款建设的风险基金池三年累计共有 300 万~500 万元，计划主要用于银行贷款补贴和保险公司补贴。但在项目运行中，贷款渔民均能按期还本付息，对银行造成的亏损不大，所以资金没有用于银行贷款补偿。实际给予保险公司的资金支持也较少，在地方财政拨款总额中约占 7%。综合来看，地方财政拨款建设的风险基金池使用率很低，没有很好地起到帮助银行及保险公司这两个主要主体分担风险的作用。

表4 财政资金在渔民保费补贴方面的投入

年份	承保面积（亩）	每亩保费补贴金额（元）	补贴占财政投入总额比重（%）
2016	30 300	15	45.45
2017	62 720	15	93.3
2018	90 200	7	63.14

资料来源：江苏省高宝邵伯湖渔业管理委员会。

四、研究结果及存在的问题

我们在实地调研和数据分析的过程中发现，该项目虽然显著减轻了渔民的渔业养殖风险，但原先设计中的功效并未完全发挥，未达到期望的实施效果。因该项目运行模式中包含多个主体，应系统性进行结果分析，所以我们将从渔业保险、银行信贷、渔民能动性和各主体间关系这四个角度由点及面地指出问题并进行分析。

（一）渔业保险仍需完善

1. 保险种类多，但实际推行少

在原先的项目设计中，保险公司会为持证养殖渔民提供水位保险、台风保险两种保险，并为银行提供保证保险，以期三种保险共同管控风险，最大限度地降低渔民受灾产生的损失，并维持整个项目的可持续性。但在实际实施过程中，由于该湖域台风发生频率较高，需赔付金额过高以及水产品价格波动大，无法覆盖更广泛的品种，所以设计完善并推行的只有气象保险中与内塘螃蟹和湖蟹相关的水位保险。

2. 水位保险设计存在局限性

就水位保险而言，当湖区水位高过理赔设定的水位 72 小时以上时（含 72 小时），无论参保的河蟹围网养殖区是否发生死蟹，保险公司均以参保时设定的固定金额予以赔付，湖区面积甚大，而观测点设置密度较小，最终测量的数据存在较大的偶然性。保险公司由网的破损和桩的断损情况来进行风险核定，但这样的方式测算的科学性有待提升，不能准确地反映某一片湖区的实际受灾情况，应因地而异。

3. 赔付制度仍需完善

通过向投保渔民了解实际赔付情况，我们发现保险公司的赔付制度仍需完善。同一种不利的气象条件对养殖的影响程度是随着时间变化而有所不同，不同养殖品种对不利自然环境的抗逆性也有显著差异，导致相同程度的水位上涨，对鱼、虾、蟹的生长环境影响程度不同。现有的赔付制度衡量标准单一，考虑的影响因素不足，仍存在很大的改善空间。例如，目前的水文保险要求灾害期间的水位达到一定水高，且持续多天及以上才给予一定程度的赔付。事实上，大多数时候，渔民受灾的持续天长还未达到保险赔付规定时，渔业就已经遭受了严重的损失，最后渔民却无法得到合理赔付等。

（二）银行信贷的风险分担作用不显著

1. 贷款渔民占比小，资金使用效率低

通过数据整理，我们发现申请到银行贷款的渔民占比 11.63% 。由于缺乏统一、科学、合理的引导，渔民使用所得贷款的方式也不尽相同，80% 的渔民并非全部将所得贷款投入到渔业养殖，而是投入到其他的商业和农业活动中去，例如经营个体商户、从事传统农业活动等。这类做法违背了渔业专项贷款的设置初衷，对部分真正需要渔业贷款的渔民来说很不公平；其中有一户扩大了养殖规模，由于他们没有注重提升养殖效率或防范养殖风险，导致遇灾年实际的单位养殖产出反而降低了。这些情况造成了贷款资金未得到充分利用甚至浪费的问题。因而综合来看，银行贷款对渔民分担风险和增收贡献度小。

2. 信用评级体系不够完善，存在明显地域分布差异

信用评级是银行进行专项贷款的重要步骤之一。在该项目中，由渔管办对渔民进行评级审核和担保，渔民通过申请还需在渔业养殖平台上抵押养殖证或房产证，从而获得银行 10 万元的贷款。我们发现，贷款分布存在明显地域差异，其中一个主要原因就是信用评级标准不够规范。在原先的制度设计中，要求将渔民家庭与个人信息数据进行详细记录，并且时常更新，针对不同客户实施不同的政策，实施"一村一法""一户一策"。但实际操作中由于信息量大、工作负担重等原因，评判标准较为模糊。这样的情况致使富裕渔村贷款易，但投入不当，而需要贷款予以支持的渔民被忽略，只能依靠传统的农村贷款形式获得低额度贷款。存在投入的财政资金瞄准度和使用效率低的问题。

（三）渔民的能动性低

高邮市高宝邵伯湖渔业养殖历史悠久，再加上退渔还湖的生态环保政策不断推

进，可继续开发的养殖区域已经相当有限，渔民养殖规模受到限制，部分传统渔业养殖业未见转型规划，后续发展难度不断增大，渔民的根本生存权受到威胁。这样的发展背景更加要求渔业养殖的生产技术的提高和养殖品类的更新与多元化。而现阶段青壮年大多离乡求业，养殖户绝大多数为老龄人口，由于劳动力老龄化，愿意改进生产技术并扩大养殖的渔民更是占少数。截至 2018 年，湖区累计完成洪水水位保险投保面积 9 万亩，虽然相比前两年有显著的上升趋势，但仍然仅占到湖区总面积 24 万亩的 37.5%。渔民能动性不高，主动需求不足是气象保险实施困难的最重要因素之一。

目前湖区渔民大多为中老年人，文化水平不高，又受养殖习惯和经营习惯所限，思想观念较为保守。大部分渔民经营规模小，风险规避意识淡薄。"渔+政+气"项目是江苏省试行的一类先进的金融支渔项目，对于大部分渔民来说比较陌生。对项目的认知水平不高，也使得其在保险费率和理赔标准等方面对现有保险产品持怀疑观望态度，对于新兴的渔业保险政策积极性不高，降低了参保积极性。

（四）各主体之间配合效率低

我们的实践调研结果显示，在项目整体的运行过程中，各主体之间还未形成封闭高效的合作模式。首先，为了管控借贷风险，仅有部分富渔区开设了渔业专项贷款，存在明显的借贷区域差异，银行与渔民以一种间接的形式进行对接，银行贷款惠渔的效果大打折扣。其次，主要与渔管办进行合作的保险公司并没有为相应的银行提供保证保险，即保险公司与银行并没有达到期望的高度有效合作的状态。最后，从财政资金流向来看，中央的专项拨款使用效率较高，对于减轻渔民投保负担起到了很大的作用。但地方财政资金拨款建成的风险基金池未按预期计划中扶持保险公司和贷款银行，同时在部分配套机制设计上资金支持也不足。结果导致保险公司在渔业保险项目上连年亏损，用商业保险获利弥补缺漏，进而造成在创新保险类型和扩大保险覆盖范围等方面行动积极性低。

所以虽然政府、渔业管理部门、保险公司、银行各司其职，但是各主体互相衔接的严密程度不如项目初期设计的那么高。究其根本，还是在于财政资金有效使用率低，在气象因素导致的渔民亏损风险过大的情况下，难以满足渔民的止损需求和激发运行主体的创新积极性。

五、促进"渔+政+气"项目风险管控机制进一步完善的对策建议

实现渔民脱贫和落后渔业养殖的转型升级仍需更多努力。基于上述分析，我们

着眼于项目运行现状和未来发展趋势，从以下四个角度对该项目提出了完善建议。

（一）深入探究渔民需求，创新保险设置

当地渔管办和保险公司等有关项目主体间对渔民需求的了解信息对接不到位，致使渔民所受的渔业气象、水文灾害的风险转移和风险分担在一定程度上受阻。

建议有关部门利用大数据建立渔民需求收集平台，每年准确收集灾害发生情况、投保渔民盈亏情况等，及时整理渔民对"渔＋政＋气"项目的运行效果反馈，运用技术手段对项目未来运行进行预测和调整，逐步提升项目实施效果。

积极推进"产、学、研"相结合，学习借鉴西方国家气象保险的创新点，再与高邮湖区的实际气象、水文灾害发生频率和程度相结合，将各种类型的保险有机融合，优化"渔＋政＋气"项目中的保证保险、台风保险、水位保险的投保标准和赔付条件，使保险公司在发生损失前后能够精准帮助被保险人运用风险管理技术降低损失发生概率和损失程度，促使保险公司针对不同类型的投保渔民进行差异化风险管理，更好地实现项目的风险分担机制。

（二）健全征信体系，优化信贷设计

由于信贷方面的渔业风险分担不到位，高邮湖区的银行及有关部门不敢投入过多资金用于渔业贷款，针对当地渔业专设的"富渔贷"投入资金有限，因此渔民获得的贷款额度相当有限，最高为10万元每户。信用评估模式的单一化以及贷款手续的复杂化使得大多数贷款流向了已上岸的内湖养殖渔民进行养殖规模、养殖技术的升级或养殖品种的更新，历年来遭受渔业气象、水文灾害重创的渔民难以获得贷款进行灾害修复与重建。

建议高邮湖区有关部门进一步完善信用体系建设，使得信用评估标准多元化。加强农村信用和征信知识宣传，派遣专员前往农村地区开展信用知识宣讲，让渔民认识到信用建设的重要性，了解失信带来的恶劣影响，并积极支持办养殖证，加入养殖权交易平台，自主投入征信建设。银行和保险公司联合江苏省各市政府、各村委会共同搭建农村信用征信体系，共担贷款风险，打造健全征信数据库，调整渔业专项贷款的资金支持总额与申报流程，适当放松贷款要求，降低门槛，扩大覆盖面；优先满足受灾严重的渔民的贷款需求；加强宣传，规范渔民贷款资金使用行为，更多地进行灾后重建、规模扩大、技术进步、渔种更新或综合化养殖。

（三）各主体加强协作，完善风险管控机制

地方政府、渔业主管部门和保险公司、银行要加强跨业交流沟通与合作，升级

渔业风险信息共享系统，拓宽政府部门和金融机构的风险信息来源，缓解信息不对称的问题，以更好地应对每年的气象、水文灾害，为渔民共担渔业风险。

尽量保障足量的财政投入和高效的财政资金使用，巩固完善风险基金池的地位和作用，坚守风险管控机制的最后一道防线。加快将气象保险纳入当地的政策性保险，从而将地方财政资金引入风险基金池，减轻中央下发的专项渔业支持资金的压力，这样更有利于调整保费补贴力度，能够更好地引导渔民积极投保气象保险，提高抗风险能力，最大限度地抵消气象、水文灾害给渔业带来的损失。

同时要加强地方财政对保险公司的补贴支持力度，使得保险公司积极创新，开发新型气象、水文保险，更好地替渔民分担风险；鼓励保险公司为银行提供保证保险，使得银行在提供贷款时无后顾之忧，整个风险管控机制更完善、有效。

既要通过保险公司、银行同业合作，实现资源、信息共享，为支渔保险、贷款产品创新奠定良好基础，又要推进竞争激励机制，优胜劣汰，避免无序竞争，选择风险承担能力强，创新机动性强的保险公司和银行参与到"渔＋政＋气"项目中来，创新担保机制，金融机构拓宽业务范围，为损失控制和风险转移提供更有效的信息基础，为渔民提供更优质的金融产品支持。

（四）以金融支渔为跳板，推动渔业转型升级

在保障渔民不受灾致贫、受灾返贫的基础上，要加强观念扶贫，深化渔业金融改革创新，加快转变江苏省渔业发展方式，顺应退渔还湖的国家号召，鼓励渔民通过发展"增殖渔业""休闲渔业""生态渔业"，促进渔业一、二、三产业融合发展，推动传统渔业向现代渔业转型升级，升华"渔＋政＋气"项目作用，不仅实现渔民的产业脱贫，更要使渔民通过渔业致富，多途径提高高邮湖区的渔业质量效益和竞争力，将此模式广泛宣传与推广，推进渔业强省战略。

结语

产业的发展离不开与之配套的风险管控手段的创新。高邮湖区的"渔＋政＋气"项目实现了当地渔民所受的渔业气象、水文灾害的风险转移、风险共担机制，在一定程度上保障渔民不因灾致贫、因灾返贫。在退渔还湖政策的新形势下，项目各主体应更加积极寻求风险管控机制的创新发展，顺应时代趋势，促进传统渔业的转型升级，这样才能真正帮助渔民走向致富之路。

参考文献

［1］王晓红．精准扶贫视角下提升我国农业保险财政补贴效率研究［J］．理论

探讨，2020（1）：102－107.

　　［2］谢瑞武. 充分发挥政策性农业保险作用，推动都市现代农业加快发展——以成都市政策性农业保险试点为例［J］. 西南金融，2014（11）：7－9.

　　［3］高升，孙会荟，Cao Guangxi. 气象保险相关问题研究概述［J］. 江苏商论，2018（6）：74－76.

　　［4］范春梅，李洪进. 江苏高邮湖渔业的现状及发展措施［J］. 渔业致富指南，2007（22）：14－15.

　　［5］吴兆鹏. 浅谈“政银保”业务发展模式创新与存在问题分析［J］. 经贸实践，2018（18）.

地方政府债务风险识别与预警机制研究

翟盼盼　朱雨萌　王　鹏[①]

摘要： 在近年实践中，对地方政府债务规模的估算差异极大，简单地压缩债务规模极易引发新的风险。研究认为我国现阶段的地方政府债务可以分为直接显性债务、直接隐性债务、或有隐性债务三类，而债务风险包括资金无效风险、债务偿付风险、政策外溢风险。对于地方政府隐性债务，资金无效风险相较于债务偿付风险更关键。本文构建了涉及三类风险的 14 个一级识别指标和 30 个二级识别指标，认为人民银行国库收支数据是识别指标数据的重要来源。

在近年实践中，对于地方政府债务风险的识别和预警存在一些不足。一是注意力集中于地方政府债务规模及其引致的偿债风险，因此很多研究估算了地方政府债务规模，但不同的估算使结果相差极大，甚至在 10 万亿元以上。二是将地方政府债务规模和地方政府债务风险等同，将防范和化解债务风险等同于全面压缩债务规模，带来固定资产投资、经济增加值过快下滑，产生新的风险。三是对政府债务风险的识别片面，过多使用赤字率、债务负担率、偿债率等宏观性指标和国外阈值，而对于风险产生根源的建设项目和投资有效性关注不足。本文对地方政府债务及其风险进行理论上的再认识，进而划分地方政府债务规模和风险类型，构建多维度识别政府债务风险的指标体系和防范机制。

一、地方政府债务风险的再认识

对地方政府债务风险再认识是避免政府债务"妖魔化"的基础。目前，对于政

---

① 作者简介：翟盼盼、朱雨萌、王鹏，现均供职于中国人民银行营业管理部。

府债务的风险到底是什么，没有一个明确的定义和范围。

（一）地方政府债务风险不等于地方政府债务规模，也很难仅用债务规模数据来识别

地方政府债务规模和地方政府债务风险密切相关，债务风险随着债务规模的增加而增加。但是，决不能仅以债务规模来识别债务风险的大小，也绝不能将防范和化解债务风险等同于压缩债务规模。

这是因为，一方面，地方政府债务主要用于政府投资，政府投资的重要特征就是规模巨大，如公路、铁路、机场等基础设施投资规模，与企业投资规模是无法相比的；另一方面，关于地方政府债务规模的大小无法测定，尤其是大量的地方政府隐性债务规模没有一个权威的数据。

目前关于地方政府债务规模的测定可以分三类来看。

1. 《预算法》修订前，审计署两次全面审计的政府债务数据。在 2014 年新《预算法》修订以前，审计署两次全面审计并对外公告地方政府性债务数据。2011 年审计结果显示[①]，截至 2010 年底，全国地方政府性债务余额 10.7 万亿元，其中，政府负有偿还责任的债务 6.7 万亿元，占 62.6%；政府负有担保责任的或有债务 2.3 万亿元，占 21.80%；政府可能承担一定救助责任的其他相关债务 1.7 万亿元，占 15.58%。2013 年审计结果显示[②]，截至 2013 年 6 月底，全国各级政府债务余额 30.3 万亿元，其中，中央政府债务余额 12.4 万亿元，地方政府债务余额 17.9 万亿元。在地方政府债务余额中，政府负有偿还责任的债务 10.9 万亿元，占 60.9%；负有担保责任的债务 2.7 万亿元，占 15.1%；可能承担一定救助责任的债务 4.3 万亿元，占 24%。2013 年的审计报告还披露了 2012 年底的政府债务余额数据（见表1）。

---

① 按照《国务院办公厅关于做好地方政府性债务审计工作的通知》（国办发明电〔2011〕6 号）的要求，审计于 2011 年 3 月至 5 月组织全国审计机关 4.13 万名审计人员，按照"见账、见人、见物，逐笔、逐项审核"的原则，对 31 个省（自治区、直辖市）和 5 个计划单列市本级及所属市（地、州、盟、区）、县（市、区、旗）三级地方政府（以下简称省级、市级、县级）的债务情况进行了全面审计。

② 《国务院办公厅关于做好全国政府性债务审计工作的通知》（国办发明电〔2013〕20 号）要求，审计署于 2013 年 8 月至 9 月组织全国审计机关 5.44 万名审计人员，按照"见账、见人、见物，逐笔、逐项审核"的原则，对中央、31 个省（自治区、直辖市）和 5 个计划单列市、391 个市（地、州、盟、区）、2 778 个县（市、区、旗）、33 091 个乡（镇、苏木）（以下分别简称中央、省级、市级、县级、乡镇）的政府性债务情况进行了全面审计。

表1　　　　　　　审计署两次全面审计的地方政府性债务结果

时期	地方政府性债务余额（万亿元）	负有偿还责任的债务		负有担保责任的债务		负有救助责任的债务	
		余额（万亿元）	占比（%）	余额（万亿元）	占比（%）	余额（万亿元）	占比（%）
2010年底	10.7	6.7	62.6	2.3	21.8	1.7	15.6
2012年底	15.9	9.6	60.4	2.5	15.7	3.8	23.9
2013年6月	17.9	10.9	60.9	2.7	15.1	4.3	24.0

资料来源：根据审计署审计公告整理。

2. 《预算法》修订后，财政部披露的地方政府债务数据。2014年，新《预算法》赋予了地方政府在限额内发行政府债券的权力，并将发行政府债券限定为地方政府举借债务融资的唯一途径。财政部对地方政府债务进行统一管理和统计，这就形成了较为公开、常态的政府显性债务数据披露机制。按照财政部对地方政府债券公开数据显示，截至2019年9月末，地方政府债务余额21.4万亿元，较2014年末增长了39.9%；其中，政府一般债务11.9万亿元，较2014年末增长了26.6%，占比55.6%，较2014年末降低了5.8个百分点；政府专项债务余额9.5万亿元，较2014年末增长了61.0%，占比44.4%，较2014年末提高了5.8个百分点（见表2和图1）。截至2019年9月末，地方政府债务中，政府债券21.1万亿元，非政府债券形式存量政府债务2 727亿元。

表2　　　　　　　　财政部披露的地方政府债务余额情况

时期	地方政府债务余额（万亿元）	政府一般债务		政府专项债务	
		余额（万亿元）	占比（%）	余额（万亿元）	占比（%）
2014年底	15.3	9.4	61.4	5.9	38.6
2015年底	14.7	9.2	62.6	5.5	37.4
2016年底	15.3	9.8	64.1	5.5	35.9
2017年底	16.5	10.4	63.0	6.1	37.0
2018年底	18.4	11.0	59.8	7.4	40.2
2019年9月	21.4	11.9	55.6	9.5	44.4

3. 各类机构测算的地方政府债务数据。在新预算法实施后，地方政府通过发行债券举借债务是唯一合法途径，但是由于发现债券规模小、管理严、机制尚不健全等原因，地方政府通过融资平台公司、PPP项目、"承诺函"违规担保、变相政府购买服务等多种方式弥补融资缺口，形成了大量的隐性债务。但是，隐性债务的规模一直没有权威的数据。由于隐性债务的形成涉及政府部门、事业单位、国有企业、融资平台、PPP项目公司等，存在着严重的信息不对称，不仅中央财政部门不能准确掌握地方政府的债务情况，甚至地方政府自身也不能准确掌握其隐性债务的底数。

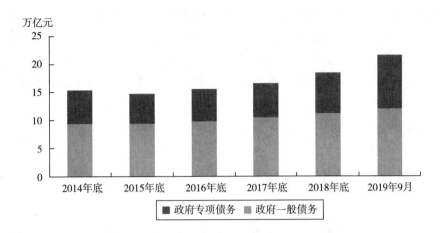

图1　2014年后地方政府债务余额及分类情况

（资料来源：财政部公布的各年度政府债务余额决算表。）

围绕着地方政府债务数据，尤其是地方政府隐性债务数据，社会智库、金融机构等各类机构按照不同的方法对地方政府债务数据进行了测算。

但是，测算的结果口径多样、差异较大，可信度和可比性较差。兴业证券测算城投平台可能形成的隐性债务结果显示，截至2017年底，地方政府隐性债务规模为34.5万亿元，其中广义贷款23万亿元，债券8.4万亿元，其他应收—其他应付3.1万亿元。西南证券用两种方法对地方政府债务进行了测算，从资产投向角度估算结果显示，截至2018年6月末，预算外地方政府债务25.6万亿元；通过融资方式估算地方政府债务规模结果显示，预算外地方政府债务29.5万亿元。财新网给出了一个根据显性债务测算隐性债务规模的比值（大部分省份的隐性债务是显性债务的2.5倍左右，个别省份近3倍），以地方政府显性债务余额数据估算，地方政府隐性债务余额在45万亿元以上（见表3）。

表3　　　　　　　　　各类机构测算的地方政府隐性债务数据

序号	测算机构	测算方法	债务时点	债务规模（万亿元）
1	兴业证券	城投平台广义贷款、债券、其他应收—其他应付等	2017年底	34.5
2	西南证券	资产投向角度，通过基建规模间接估算地方政府债务规模	2018年6月末	25.6
3	西南证券	融资方式角度，通过不同种类的融资规模变化间接估算地方政府债务规模	2018年6月末	29.5
4	天风证券	基建资金来源、资金投资金额、融资平台有息债务等不同方法	2018年8月末	25~35
5	财新网	隐性债务与显性债务比值	2018年底	>45

资料来源：相关机构研报整理。

此外，社科院、清华大学财税研究所、华创证券、中诚信国际、苏宁金融等机构也对地方政府隐性债务的规模进行过估测，测算的区间为 25 万亿～45 万亿元不等，较多倾向于 30 万亿~40 万亿元。

从以上三类地方政府债务数据特征可以看出，地方政府债务全口径数据底数不清，披露的显性债务规模难以代表政府债务的全貌，而隐性债务规模没有权威数据参考，估算数据差异巨大，甚至达到数十万亿元。这对于仅通过赤字率、负债率、债务率、偿债率等规模指标及其组合来识别和预警地方政府债务风险是致命性的挑战。也就意味着，仅通过规模指标及其组合对地方政府债务风险进行识别和预警的基础极其薄弱。

（二）地方政府债务风险不限于债务违约风险，更重要的是债务引致风险和使用效益风险

围绕着地方政府债务风险的预警、管控、化解有大量的研究成果，但是存在两个方面的主要问题：一是以债务违约为核心，将债务风险局限于债务本身。二是以过去静态数据度量未来债务风险，没有将地方政府债务的使用效益考虑在内。概言之，没有跳出债务看风险，没有用未来视角看风险。

1. 地方政府债务风险重点不在债务违约，而在债务之外的风险。一方面，地方政府债务的主体是政府，而我国并不存在政府破产制度。因此，从根本上来说，我国地方政府债务不会出现"违约"情况。而备受关注的城投债违约、融资平台债务违约等基本都不属于政府项目债务违约。以引发广泛关注的 2018 年新疆生产建设兵团六师城投债"17 兵团六师 SCP001"来看，债券本息在一天后得到兑付，且对于该笔债券是否属于城投债争议较大。地方政府债务风险不应只通过各种比率的测算来评估政府债务是否能够按期兑付，因为政府总有"办法"寻找偿付资金。地方政府债务风险的重点在于这些"办法"，如上级乃至中央政府兜底、加大税收征缴增加财力、挤占金融资源、期限错配、债务货币化等，带来的债务之外的风险。总而言之，认识地方政府债务风险要更多关注的是政府（包括地方政府和中央政府）为了偿还债务而采取各种"办法"引致的风险，需要将政府债务风险放在经济、财政、金融的系统中考量。

2. 地方政府债务风险重点不在债务规模，而在于债务资金使用效益。地方政府作为主体举借大量显性和隐性债务为政府投资活动提供支持，而债务资金的使用效益体现为政府投资的有效性。由于债务资金使用的目的不同，各类债务资金的使用效益要区别来看。地方政府一般债务的使用目的在于弥补年度一般公共预算赤字，其使用效益体现为一般公共预算支出的效果；地方政府专项债务的使用集中在收费

公路、土地储备、棚户区改造等基础设施建设，其使用效益重在项目自身现金流状况、对"稳投资"的拉动、经济增长后劲形成等方面；通过国有企业、融资平台、PPP项目公司等渠道形成的地方政府隐性债务的使用与专项债比较接近，其使用效益需要关注项目投资的合理性、必要性，项目现金流、经济拉动效果等。

二、地方政府债务类别比较与现阶段分类

地方政府债务的形成有其特定的历史因素，是在不同时期的经济社会发展、制度法律约束等因素的共同作用下形成的，而债务资金的用途也是各有差异。因此，对于地方政府债务的风险不能按照一个总的数量规模进行判断分析，而是需要将地方政府债务分类，进行有针对性的识别。

（一）政府债务在国内和国外的分类差异

对于政府债务风险的分类，应用最为广泛的是世界银行经济学家 Hana Polackova Brixi（2000）提出的财政风险矩阵（Fical Risk Matrix）。即将政府债务风险分为直接显性债务、直接隐性债务、或有显性债务、或有隐性债务四类（见表4）。

表4　　　　　　　　　　　　　Hana Polackova Brixi 财政风险矩阵

政府债务	直接债务（任何条件）	或有债务（特定条件）
显性债务（法律或合同认可）	1. 国外主权借款（中央政府借入的贷款和发行的债券）； 2. 预算法规定的支出； 3. 法律确认的长期预算支出（公务员的工资和养老金）	1. 对主权借款和地方政府、公共和私人部门（开发银行）的国家担保； 2. 国家对各种贷款（抵押贷款、学生贷款、农业贷款、小企业贷款）的保护性担保； 3. 国家担保（对贸易、汇率和外国主权国和私人投资的借债）； 4. 国家保险计划（存款保险、从私人养老基金中获取收入的保险、农业保险、水灾保险、对发生战争的保险）
隐性债务（来自公共或利益集团压力的道义责任）	1. 法律没有明文规定的未来公共养老金（相对于公务员的养老金）； 2. 法律没有明文规定的社会保障计划； 3. 法律没有明文规定的未来的保健支出； 4. 未来发生的公共投资成本	1. 地方政府、公共实体或私人实体拖欠的无担保债务和其他债务； 2. 银行破产（超出国家保险范围之外）； 3. 实行私有化的实体债务的清偿； 4.（保护中小投资者的）无担保养老基金、就业基金或者社会保障基金的失败； 5. 私人资本外流导致的救助； 6. 现存环境的破坏，军事开支以及类似开支； 7.（因无法履行汇率合约、维护货币稳定、维护国际收支稳定等而导致的）中央银行的债务拖欠

但是，我国对于政府债务的分类却不是采用这一国际分类方法。国家审计署公告将地方政府性债务划分为三类，分别是负有偿还责任的债务、负有担保责任的或有债务、可能承担一定救助责任的债务。财政部（2010）在《2009年政府性债务报表》中将我国地方政府债务分为三类，分别为政府负有直接偿债责任的显性债务、政府负有担保责任的显性或有债务、政府负有兜底责任的隐性或有债务（政府可能承担一定救助责任的债务）（见表5）。

表5　　　　　　　　财政部（2010）对地方政府债务的分类

债务类型	债务具体内容
政府负有偿还责任的债务（政府债务）	1. 地方政府发行的债券； 2. 上级财政转贷（外债转贷、国债转贷、农业综合开发借款、其他财政转贷）债务中，投入无效益的公益性项目，全部以财政性资金作为偿债资金来源的债务； 3. 政府部门和机构拖欠单位和个人的债务； 4. 经费补助事业单位举借的，已经明确由财政性资金直接偿还的债务； 5. 融资平台举借的，已明确由财政性资金直接偿还的债务
政府负有担保责任的债务（政府或有债务）	1. 上级财政转贷（外债转贷、国债转贷、农业综合开发借款、其他财政转贷）债务中，投入有收益的竞争性项目的债务； 2. 政府担保的融资平台公司、经费补助事业单位、公用事业单位的直接债务，扣除已明确由财政性资金直接偿还的债务
政府可能承担一定救助责任的债务（政府或有债务）	1. 经费补助事业单位（如高校、医院等）、公用事业单位、融资平台公司为公益性项目建设举借的，政府未确认承担直接偿还责任，未提供担保的债务； 2. 经费补助事业单位（如高校、医院等）、公用事业单位、融资平台公司为公益性项目建设提供担保形成的债务

（二）隐性债务在国内和国外完全不同

我们现在称为地方政府隐性债务的是，地方政府在法定债务限额以外存在着的并且按照相关规定属于违法违规融资形成的变相举债、担保举债等债务余额。这些债务绝大部分是有明确的合同或函证的，是以地方政府的担保函、慰问函、人大决议等形式通过融资平台公司、国有企业等形成的债务，或者是通过PPP、政府股权投资基金、政府购买服务、融资租赁等渠道形成的"明股实债"。

因此，国内所说的地方政府隐性债务和国际上的隐性债务有着根本的差异，是完全不同的两个概念。国际上显性和隐性的划分是以是否有明确的法律或合同约定为标准，而国内对显性和隐性的划分是以是否合法合规、是否被披露统计为标准的。国外按Hana Polackova Brixi财政风险矩阵分类的政府隐性债务范围要宽泛得多。而国内对地方政府隐性债务的研究实质上是违法违规未被披露出来的地方政府显性债务。

（三）现阶段我国地方政府债务风险类别

2014年新预算法实施后，在限额内发行地方政府债券是地方政府唯一合法的举债渠道。但是，由于政府投融资行为惯性和巨大的融资缺口难以满足，在近五年又衍生了许多违法违规的融资方式，这部分融资形成的政府债务加上2014年之前未披露出来融资形成的政府债务构成了现阶段地方政府的隐性债务。尤其是2014年至2017年所形成的隐性债务规模迅速膨胀。

在矩阵分类的方法下，我们将现阶段地方政府债务进行分类，形成三个类别。这是因为，我国《担保法》第八条明确规定："国家机关不得为保证人，但经国务院批准为使用外国政府或者国际经济组织贷款进行转贷的除外"，地方政府在法律上不具备合法担保资格。因此也就不会形成合法、公开的或有显性债务。

现阶段我国地方政府债务主要包括直接显性债务（一类债务）、直接隐性债务（二类债务）、或有隐性债务（三类债务）（见表6）。

表6　　　　　　　　　　　　现阶段我国地方政府债务类别

债务类别	直接债务（任何条件）	或有债务（特定条件）
显性债务 （合法、公开）	1. 地方政府新增债券（包括一般债券和专项债券）； 2. 地方政府再融资债券（包括一般债券和专项债券）； 3. 地方政府置换债券（包括一般债券和专项债券）； 4. 上级财政转贷（外债转贷、国债转贷、地方政府债券转贷、农业综合开发借款、其他财政转贷）	—
隐性债务 （违法违规、未披露）	1. 地方政府通过融资平台公司、国有企业、经费补助事业单位等相关主体举借的明确由财政性资金偿还但未纳入预算安排的债务； 2. 地方政府对企业和个人的拖欠款（主要是拖欠工程款）； 3. 通过政府购买服务名义等违规举债	1. 通过出具政府担保函、承诺函、保底函、人大决议等方式通过融资平台公司、国有企业、经费补助事业单位等相关主体举借的债务（以财政资金担保）； 2. 通过PPP、政府股权投资基金等渠道形成的"明股实债"

三、地方政府债务风险特征及分类识别预警

如前所述，现阶段我国地方政府债务可以划分为三个类别，而三类地方政府债务所具备的风险特征是不相同的。防范和化解地方政府债务风险应该着眼于不同类别地方政府债务的风险特征进行分类识别。

（一）地方政府债务风险的内涵与划分

关于地方政府债务的风险不管是理论探讨、监管实践还是市场研究，目前主要的焦点集中于地方政府债务规模过大带来的偿付风险，存在着大量对测算地方政府债务规模，尤其是隐性债务规模的报告。但是，如前文所述，地方政府债务的风险不仅仅是偿付风险，更大的风险是债务偿付之外的风险。

有一些学者也对地方政府债务风险进行了划分。郭琳和樊丽明（2001）将我国地方债务风险划分为两大类七小类风险。大类分为内在风险和外在风险。内在风险包括总量支付风险、结构风险、利率与汇率风险、效率风险；外在风险包括增加税负或者进一步加重债务负担的风险、向上级政府转嫁债务的风险、影响宏观经济政策效果的风险，但没有提出具体的识别指标。刘昊和杨平宇（2019）将地方政府债务风险概括为规模风险、结构风险、效率风险、市场风险、流动性风险和政策等风险，并给出了风险评价指标体系。但相关指标主要还是测度政府直接显性债务。

本文认为，地方政府债务风险包括三个类别：一是地方政府债务资金使用没有达到预期效果带来的资金无效风险；二是债务主体不能按时偿付到期债务带来的债务偿付风险；三是政府为偿付债务而采取进一步行动带来的政策外溢风险。并且，这三类风险是环环紧扣的，如果债务资金使用高效，债务到期偿付风险就会较小，而到期债务能够按期偿付，那么政府就不会为偿付债务而被迫采取行动。

（二）各类政府债务的风险匹配

如上所述，我们认为现阶段我国地方政府债务类型包括直接显性债务（一类债务）、直接隐性债务（二类债务）、或有隐性债务（三类债务）；政府债务风险包括资金无效风险、债务偿付风险和政策外溢风险。不同类别的地方政府债务存在的债务风险各不相同。

1. 直接显性债务的风险特征

一般政府债券（包括新增、置换、再融资）主要用于公共服务，资金无效风险与财政资金支出进度、财政资金投向、民生改善状况相关；债务偿付风险与政府一般债务限额（总限额和新增限额）、到期债务规模、一般公共预算收入、税收收入、

国库库存等相关；政策外溢风险与债务规模、债券利率等相关。

专项政府债券（包括新增、置换、再融资）主要用于土储、收费公路、棚改、环保等专项具体工程，为收益性项目，是稳投资、增后劲的抓手，资金无效风险与项目可行性、资金支出进度、资金投向、项目现金流、固定资产投资增速、地区生产总值等相关；债务偿付风险与政府专项债务限额（总限额和新增限额）、到期债务规模、政府性基金预算收入、国库库存等相关；政策外溢风险与债务规模、债券利率、社会融资规模、LPR 等相关。

由于我国省级以下地方政府债券发行由省级地方政府代发，然后转贷。因此，省级以下地方政府债券的风险同上。而外债转贷、国债转贷、农业综合开发贷款等规模较小，其风险主要是偿付风险，与地方政府财政收入相关。

2. 直接隐性债务风险特征

直接隐性债务主要是指地方政府未披露、未置换、未纳入预算的 2014 年之前的债务，以及 2014 年后地方政府通过违法违规方式新增的直接具有偿付责任但未纳入预算的债务。以垫资款形式存在的地方政府对企业或个人的工程拖欠款、以政府购买服务名义进行变相举债等都是直接隐性债务的一部分。

直接显性债务主要用于公益性项目，资金投入项目产生较少的现金流。公益性项目的资金无效风险较难评估，尤其是对于隐性债务投入的公益性项目，资金进展难以度量，而民生改善的状况需要调查。赵全厚和陈旭（2018）认为对于纯公益行业，投资有效性需看对民众的服务质量满意程度，需建立民主评价程序。民众对政府投资项目满意程度越高，投资越有效[①]。债务偿付风险与一般公共预算收入、税收收入、国库库存等相关。

3. 或有隐性债务的风险特征

或有隐性债务是 2014 年后规模扩张最快、风险隐患最大的政府债务。或有隐性债务的出现主要是新增的地方政府债券发行规模远远不能满足地方政府的融资需求。而 PPP 项目、融资平台公司、政府购买服务等方式存在很大的变通空间，因此成为了地方政府补充融资需求的主要渠道。

或有隐性债务主要有两种形式。一是政府的违规担保（包括担保函、承诺函、慰问函、人大决议等），即政府承诺在未来某个时间段以财政资金对项目债务进行偿还。二是明股实债（主要存在于 PPP 项目、政府产业投资基金中）。

或有隐性债务涉及的规模大、主体多、方式多，变化的空间大，其规模很难测定。

---

① 赵全厚，陈旭. 提高投资有效性是化解债务风险的新思路，中国财政科学研究院研究简报. http：// www. chineseafs. org/index. php？ m = content&c = index&a = show&catid = 23&id = 698。

但是，这部分债务却具有明显的特征。一是债务资金用途主要用于收益性的基础设施项目，不是纯公益性项目，具有一定的现金流。二是债务本息不是一定确定由财政资金偿还，更多的是由财政资金担保。也就是说，这部分债务的偿还首先是通过项目的收益来偿还，在项目收益未产生或者不能覆盖本息时，财政资金予以偿还。三是这部分债务的项目主要通过融资平台公司、PPP项目公司、基础设施建设公司等主体实施。

基于以上特征，我们可以重新对或有隐性债务风险进行审视。

本文认为，或有隐性债务风险首先是资金无效风险，提高债务资金使用效率，提高投资项目现金流回报是更为重要的防控风险方式。

或有隐性债务资金无效风险的识别和监测，与收益性基础设施项目的领域分布、当前收益状况、未来收益预期、现金流、还本付息期限等相关。如果或有隐性债务的使用是有效的，项目自身的现金流可以覆盖其债务本息，那么触及财政性资金偿付的风险就会很小，同时还会拉动投资和经济的增长。如果或有隐性债务投入的项目尚未产生现金流但已经需要还本付息，或者现金流不能覆盖债务本息，此时的债务偿付风险就会提高。或有隐性债务的政策外溢风险主要是这部分债务资金的使用（政府的投资）对私人投资资源的挤出，在债务资金出现偿付风险后政府提高税收征缴、举借新债、信用下降，甚至通过增发货币进行弥补的行为风险。

（三）地方政府债务风险分类识别指标

1. 风险识别指标的要求

识别地方政府债务风险需要结合各类债务的风险特征，寻找合适的指标。这些指标需要满足以下几个条件。

一是可量化。风险是无影无踪的，而构建指标的目的就是要将无形的风险刻画出来。因此，选取的指标必须是可以观察、可以统计量化的。

二是高频率。风险的变化是动态的，对风险的观察也必须是动态的。因此，选取的指标要具有一定的高频性，如果指标的频次为一年，那么对于识别和防范风险无疑是失效的。理想的风险识别指标至少应为月度指标。

三是精准性。数据的精准是识别指标有效性的前提。如前所述，对于地方政府隐性债务规模的估算差异在10万亿元以上，这对于计算指标比率就完全丧失了意义。

此外，相关指标还应该相对客观、权威。

2. 人民银行国库数据是风险识别指标的重要来源

人民银行具有经理国库的职责，财政收支解纳大部分都通过国库实现。国库TIPS、TCBS（TBS）、TMIS产生或处理大量的数据。这些数据包括财政的税收收入、非税收入、债券收入、债券支出、国库库存、预算支出等主要指标，而且数据可量化、每天更新频率高、核算精准，而且客观权威。

同时，国库是财政政策与货币政策的桥梁纽带，而政府债务也涉及财政政策与货币政策，债务风险主要就是财政风险和金融风险。

因此，从大量的国库数据中挑选合适指标对地方政府债务风险进行识别是可行和必要的。

3. 地方政府风险识别指标的构建

通过以上分析，本文对不同类别的地方债务风险构建了有针对性的债务风险识别指标（见表7）。

表7　　　　　　　　　地方政府债务风险指标体系

债务风险类型	风险识别指标（一级）	具体识别指标（二级）	指标备注
资金无效风险	资金支出进度	实际一般公共预算支出/年度一般公共预算支出计划	与时间进度比较
		实际政府性基金预算支出/年度政府性基金预算支出计划	与时间进度比较
	专项债支出进度	土储专项债支出/土储专项债收入	土储专项债支出项目对应国库会计科目为21215
		棚改专项债支出/棚改专项债收入	棚改专项债支出项目对应国库会计科目为21216
	民生支出规模	（教育支出＋社保和就业支出＋卫生健康支出＋住房保障支出）/同期一般公共预算支出规模	—
	公益性项目收益	公益性基础设施项目满意度评估	需要依托专业评估机构开展民众（使用者）满意度评估
	稳投资效果	地区全社会固定资产投资增速	增速变化、固定资产增速与专项债规模增速比较
	稳增长效果	地区GDP增速	增速变化
	专项债项目收益	土储专项债券项目收入/土储专项债券余额	土储专项债券项目对应国库会计科目为103100601
		棚改专项债券项目收入/棚改专项债券余额	棚改专项债券项目对应国库会计科目为103100602
	收益性项目收益	收益性基础设施项目现金流评估	需要依托专业评估机构开展现金流预测评估
		收益性基础设施项目收益率	收益性基础设施项目收益/项目投资规模

续表

债务风险类型	风险识别指标（一级）	具体识别指标（二级）	指标备注
债务偿付风险	债务负担率	地方政府债务余额/地区 GDP	—
	债务率	地方一般债券余额/地方一般公共预算总收入	—
		地方专项债券余额/地方政府性基金预算总收入	—
	国库支付能力	地方政府债务余额/国库库存余额	不含社保库存余额
		一年内到期地方政府债务本息/国库库存净额	国库库存净额＝国库库存余额－现金管理余额
政策外溢风险	债务规模	地方政府债务余额/核定地方政府债务限额	包括一般债券和专项债券
		再融资债券余额/地方政府债务余额	—
	融资挤占	地方政府专项债券余额/社会融资规模存量	数据始于 2018 年 9 月
		新增地方政府专项债券发行规模/新增社会融资规模	数据始于 2018 年 9 月
		城投债余额/社会融资规模存量	—
		新增城投债发行规模/新增社会融资规模	—
		地方政府一般债券发行平均利率	利率变化
		地方政府专项债券发行平均利率	利率变化
		城投债券发行平均利率	利率变化
	政府信用	地方政府债券发行平均利率－同期国债利率	利差变化
		区域政府债券发行平均利率－全国地方政府债券发行利率	利差变化
		地方政府融资平台债务违约事件个数	包括全国和本地，风险传染
		地方政府融资平台债务违约规模	包括全国和本地，风险传染

（四）地方政府债务风险预警

防范地方政府债务风险需要在相关识别指标基础上建立风险预警机制。我国地方政府的风险预警机制的研究较早，但直到 2008 年国际金融危机后，大规模的政府投资带来地方政府债务井喷式增长，债务风险加剧，地方政府债务风险预警机制才得以广泛建立。

但是，现有的地方政府债务风险预警机制存在一些实践中的问题。一是地方政府债务风险识别与预警标准各自为政，未设立统一的风险预警机制。二是地方政府债务风险的预警主要是对直接显性债务的预警，对直接隐性债务和或有隐性债务缺乏识别和预警手段。三是地方政府债务风险的预警标准多参考的是国外相关指标阈值，而且是以部分宏观性指标为主，操作实效性较差。如赤字率不超过《马约》规定的3%；债务负担率不超过《马约》规定的60%；债务率参照美国、新西兰经验阈值100%～150%等。四是以财政部门为主，其他部门参与较少，联合有效监测不足。

地方政府债务风险绝不局限于地方政府债务本身，风险的识别和预警也绝不是财政部门单独可以承担的。综合地方政府债务风险识别指标，本文认为应建立以多部门联合的定期风险预警机制。

一是地方政府债务风险预警机制需要多部门共同参与。地方财政部门、地方发展改革部门、人民银行分支机构、地方财政监管部门、银行保险监督管理部门等应组成地方政府债务风险识别预警委员会，对政府债务融资、投资、项目建设、资金回收、项目评估等全流程环节进行风险数据收集和研判。

二是地方政府债务风险预警应宏观风险和微观风险同时着力。地方政府债务风险预警不能仅以宏观指标为依据，风险总是起源于微观项目。因此，对于地方政府债务风险的识别预警，尤其是对收益性项目涉及的或有隐性债务风险的识别和预警必须精确掌握项目资金流的变动，以资金无效风险预警为核心。

三是地方政府债务风险预警有无必要对识别指标进行综合加权，需要讨论和测算。通过综合加权风险识别指标，得到一个风险总指标（评分制），并测算出预警阈值，设立风险区间（如哥伦比亚的信号灯模式，将地方债务分为红灯区、黄灯区、绿灯区）是较为直观和通用的方法。但是，这种综合加权中各个指标权重的设定和综合指标的敏感度存在一定难度。而且识别指标权重还需要根据具体情况进行调整，则会造成总指标的不可比。在没有明确加权论证的条件下，更有效的风险预警应是通过委员会对系列风险指标进行逐一研判，结构性防范风险。

参考文献

［1］郭琳，樊丽明．地方政府债务风险分析［J］．财政研究，2001（5）．

［2］赵全厚．地方政府债务风险防范中的财政金融协调［J］．财会月刊，2018（24）．

［3］赵全厚．地方政府隐性债务浅析［J］．财政科学，2018（5）．

[4] 郭玉清.地方政府债务风险的量化预警评估方法及应用 [J].财经智库，2019（3）.

[5] 刘昊，杨平宇.地方政府债务风险识别与评估：一个指导框架 [J].地方财政研究，2019（5）.

印度尼西亚的能源问题及对我国的启示[①]

张俊勇 张玉梅 陈艳春[②]

摘要：印度尼西亚是世界第四人口大国，也是东南亚地区面积最大和经济总量最大的国家，加上其得天独厚的地理位置，在东盟组织和区域政治经济中发挥着重要的作用。20 世纪 90 年代末，经历亚洲金融危机冲击后，经济一度倒退。进入 21 世纪以来，经济结构调整趋于合理，年均经济增长速度达到 5% 左右的水平，不仅远远超过世界平均发展水平，也成为区域经济发展的领头羊。近年来，随着经济发展、人口增加等一系列因素影响，能源需求和消费持续增加，对于一个能源资源相对丰富的国家，印度尼西亚加速了能源转型发展，力求实现能源供给的多元化、可持续化，从而为经济发展、消除贫困、应对气候变化等提供有效支撑。

关键词：印度尼西亚 能源构成 能源消费 电力 等量石油

印度尼西亚是世界第四大人口大国，进入 21 世纪以来，经济持续增长，其经济增速不仅超过了世界平均水平，也超过了东盟国家组织内其他成员国家。自 2014 年以来，其经济总量一直占东盟国家组织的 1/3 以上。印度尼西亚不仅是 APEC 组织的重要成员国，也是 G20 组织的重要成员国，在亚太地区的影响力持续上升。印度尼西亚蕴含着丰富的能源资源，曾是亚太地区唯一的 OPEC 组织的创始成员国。20世纪七八十年代，印度尼西亚石油的开采和出口创造了巨大的经济效益，也推动了社会经济的快速发展。印度尼西亚退出石油输出国到再次申请恢复其成员国地位，也折射了其能源发展过程中的困境。印度尼西亚地处赤道附近的热带地区，同时又

① 本文为河北省社科基金项目（河北省节点城市发展绿色技术的路径与策略）的成果。项目批准号：HB17YJ096。

② 作者简介：张俊勇，就读于石家庄铁道大学；张玉梅，就读于河北科技大学；陈艳春，就读于石家庄铁道大学经管学院。

处于亚欧板块和印度洋板块的交界处，既有丰富的常规化石能源如煤炭、天然气等，也有含量相当丰富的可再生能源如地热、潮汐能、生物能等。对于世界上的一些国家经济体而言，能源丰富未必就能成功地转化为经济发展的动力。一些能源资源相对匮乏的国家却可以充分利用世界资源、扬长避短，从而推动经济发展；也有一些经济体即使资源丰富，也可能陷入资源诅咒的厄运。在面临世界气候变化的背景下，世界上绝大多数经济体都面临着能源转型的问题，既要保证能源供应，确保能源安全、低廉，同时也要调整能源供给构成，减轻化石能源消耗比重，加大可再生能源或绿色能源比重。印度尼西亚也不例外，在 2006 年的国家能源政策中，就确定了2025 年和 2050 年能源构成的宏伟目标。本文对近年来印度尼西亚的能源及其相关问题进行梳理、归纳、分析，同时从国际视角探索能源发展的趋势以及两国在能源领域的合作前景。

一、印度尼西亚的能源供给与消费平衡

能源供给的形式是多种多样的，比如煤炭、天然气、生物能等，有些能源可以直接使用，而有些能源则需要进行一定程度的转换才能直接用于最终消费。能源平衡表能具体反映能源平衡的形式，在数量上较为直观地揭示能源的资源、转换和终端消费间的平衡关系。由于各种能源的热量单位并不统一，也就是等质量能源的热能效能不尽相同，一般采用标准化处理，有的采用吨标准煤的形式，有的采用吨标准石油的形式，不管采取哪种形式，都是以基本的热量单位为依据。在 20 世纪七八十年代，印度尼西亚的石油勘探和开采进入上升通道，为国家带来了巨额财政收入，也形成了国家能源构成中的主要来源，彼时，煤炭占比相当低，因此，在核算能源平衡时，吨标准石油成为主要的计量单位。

表1　　　　　　　　　印度尼西亚的能源平衡表　　　　　单位：百万吨石油

项目	1990 年	2000 年	2010 年	2013 年	2014 年	2015 年	2016 年	2017 年
初次能源供给	98.7	156	211	216	225	226	231	240
最终能源消费	79.9	120	148	158	162	163	163	166

通过分析表1的能源平衡表可以发现，印度尼西亚的初次能源供给在 2017 年已经达到 2.4 亿吨等量石油，其中 2000 年比 1990 年增加 58%，2010 年与 2000 年相比增加 35%，尤其是进入 21 世纪以来，2017 年与 2000 年相比增加 54%。同样，在最终能源消费中，2000 年比 1990 年增加 50%，2010 年与 2000 年相比增加 23%，2017 年与 2000 年相比，最终能源消费增加 38%。通过查询中国统计年鉴，我国

2017年与2010年相比，能源消费总量仅增加24%，不管存在怎样的GDP能源密集度以及原来在能源消费上存在什么样的差异，考虑到我国经济远超过印度尼西亚的经济增长速度，粗略的对比至少可以得出这样的结论：能源消费增加是社会经济发展的客观要求和规律，印度尼西亚的能源消费需求实际增速是很快的。

2017年印度尼西亚能源供给中换算的2.4亿吨石油中，其中煤炭为4 580万吨，原油为5 220万吨，成品油2 330万吨，天然气4 000万吨，电力2 286万吨，生物能5 590万吨。

就总体能源供给而言，石油过去、现在甚至未来一段时间仍将是主要的能源，天然气所占比例基本没有太大变化。煤炭、电力、生物能都发生了较大变化，在1990年的能源构成中，煤炭仅占4%的比例，进入21世纪以来，煤炭占比呈现增加趋势，截至2017年底已经占到19%的比重，在很大程度上体现了印度尼西亚在能源利用上的一种选择。电力是现代文明的标志，在1990年的比重仅仅2%，截至2017年底已经达到10%的比重，这种比例的增加也是以量作为支撑的，1990年人均电力消耗只有156千瓦时，2017年已经增加到856千瓦时。生物能曾占有很大的比重，原因是居民生活做饭要就地取材，使用了大量生物能，不过这一比例呈现降低趋势，说明居民开始采用诸如电力等其他能源来解决生活用能（见表2）。

表2　　　　　　　　　印度尼西亚的能源供给构成比例　　　　　单位：%

能源	1990年	2000年	2010年	2013年	2014年	2015年	2016年	2017年
石油	34	37	34	36	34	32	31	31
天然气	16	17	18	17	16	17	17	17
煤炭	4	8	15	13	17	18	19	19
电力	2	6	8	8	8	8	9	10
生物能	44	32	24	26	25	25	24	23

能源的供给与消耗并不是完全等同的概念，有些能源需要经过再次转换转变为最终可用能源。在印度尼西亚的最终能源消费中，石油一直占有较高的比重，2000年以来，大体上维持在40%左右的水平，天然气维持在10%以上的水平，煤炭占比不高，电力发生了较为明显的变化，2000年相比1990年的占比增加了1倍。2000年后一直处于上升态势，直到2017年达到12%的比例水平。就总体而言生物能消耗比例呈现下降趋势，由1990年的53%下降到2000年的41%，尽管有所波动，直到2017年下降为33%（见表3）。

表3　　　　　　　　　印度尼西亚的最终能源消费构成　　　　　　　　单位：%

能源	1990年	2000年	2010年	2013年	2014年	2015年	2016年	2017年
石油	34	40	41	41	40	39	40	40
天然气	8	10	11	11	11	11	10	11
煤炭	3	4	5	3	5	6	5	4
电力	3	6	9	10	11	11	11	12
生物能	53	41	34	34	35	34	34	33

二、印度尼西亚的能源产业发展情况

（一）石油产业

石油曾是印度尼西亚国民经济的支柱产业，一度在政府收入中占有非常重要的地位。苏哈托执政时期经济的快速发展在很大程度上得益于石油产业的发展，该产业为政府带来了巨额财政收入，石油产品的大量出口也改善了国家的外汇情况。1990年，石油天然气为国家带来的财政收入占整个国家财政收入的40%左右，在2014—2016财政年度，石油天然气产业对国家财政收入的贡献为160亿美元左右（190万亿印尼盾），约占政府收入的18%。[①] 1962年印度尼西亚是亚太地区唯一的石油输出国组织成员，并发挥着重要作用。1976年，石油产量达到顶峰，并持续维持了近20年时间。1995年油田老化且缺乏投资致使石油产量开始下降，并最终在2005年成为石油净进口国。2000年石油产量达到7 000万吨，2016年石油产量仅为3 700万吨，下降47%，2017年石油产量有所上升达到4 000万吨，但从来没有达到过高峰时期8 000万吨的水平。成为进口国后，印度尼西亚一直致力于提高产量，为恢复日产量100万桶进行了诸多努力，设法减轻对石油进口的依赖，但收效甚微，1990年曾出口原油3 170万吨，而2017年进口原油1 020万吨，进口成品油2 230万吨，合计进口量与1990年出口量相当。

印度尼西亚曾是OPEC组织的创始成员国，由于自身石油产量有限且需要大量进口，难以在该组织有更大的发言权和决策权，2009年自行终止了在这一组织的成员资格。2015年后又重新申请恢复该组织成员资格，不管是在哪种情况下，都体现出印度尼西亚在石油问题上的困境。这种困境体现在能源生产与能源消费的严重不

---

① https：//www.thejakartapost.com/news/2019/02/20/as－indonesias－oil－sector－is－less－profitable－its－time－for－clean－energy－experts.html.

匹配，不得不靠进口来满足消费缺口，即使是 2017 年，石油消耗每天在 140 万桶左右，即使生产量最高达到每天 80 万桶，巨大的差额只能靠进口来弥补；当然投资不足是造成当前困境的一个主要原因，但更为悲观的是石油储量呈现下降趋势，1990 年石油储量估计在 7.37 亿吨，随后探明储量一路下滑，2017 年石油储量估计在 4.5 亿吨。即使是按照目前的规模进行开采，未来 20 年也会面临石油枯竭的局面，届时石油产品将可能全部进口，这对于一个过分依赖石油作为能源的国家而言，将面临着极其严峻的能源转型之路。

自从印度尼西亚独立后，就一直采取对能源进行补贴的制度，补贴范围不断扩大，仅补贴一项就占到了国家财政预算的 20% 左右，推行该项政策的初衷是为了保护中低层收入的购买力，也是消除贫困的措施之一。但实施的效果不佳，大量的居民享受着低价的燃油，不加节制的消耗助推了石油消耗量的增加，也加剧了大城市的交通拥堵状况。亚洲金融危机后，印度尼西亚本币兑美元一路贬值，减少财政赤字、减少当前账户赤字、维护国际收支平衡、减少政府对外公债成为政府施政的重要内容。石油进口占用外汇储备量过大，同时政府又不能贸然取消对石油燃料的补贴，继续在国内执行低油价政策，无疑拖累了政府进行经营性投资的努力。直到佐科政府 2014 年执政后，充分利用国际油价下跌的契机，部分地废止了油价补贴政策，允许国内油价随国际市场油价波动，才使得政府有一定的财力投资于基础设施等其他领域。

（二）天然气产业

印度尼西亚天然气储量丰富，有 28 320 亿立方米，是世界第十大天然气生产国，大约占世界总储量的 1.5%，在亚太地区是仅次于澳大利亚和中国，也是仅次于卡塔尔和马来西亚的世界第三大液化天然气出口国。1990—1996 年，天然气产量一直处于上升通道，2007—2010 年同样处于上升通道，2010 年达到 857 亿立方米，其后产量震荡下行，2017 年产量为 710 亿立方米。印度尼西亚天然气生产主要集中在临近苏门答腊岛、加里曼丹岛、新几内亚西部和苏拉威西岛的海域上，相对而言，生产地与消费地不一致，同时由于管道建设成本高，也是造成发展液化天然气的主要原因。

印度尼西亚天然气产业的一个显著特点是有大量天然气可以用于出口，2006—2013 年出口量占 50% 左右，尽管近年来消费量有增加趋势，但出口依然占有较高比重，2017 年出口量仍占到 38%。根据印度尼西亚中期发展规划 2015—2019 年天然气满足国内市场的比例要达到 62%。

印度尼西亚天然气产业发展的最初目的是以出口为导向的，随着国内石油产量的下降以及国际油价的节节攀升，国际收支平衡的压力越来越大。为弥补高油价、低产量为政府财政带来的不利影响，自从进入21世纪以来，政府不遗余力地扩大天然气的产量，同时增加天然气在国内能源消费中的比重。正是因为国内天然气消费量的增加，导致出口量相应地下降。但国内天然气消费受制于基础设施不足的制约，运送和配送的网络不健全，一方面是长期的投资不足，另一方面也是受制于其独特的地理特征，产地与消费地不一致，高额的运输成本限制了其市场网络的拓展。

一个颇为尴尬的事实是印度尼西亚不仅出口天然气，有时也在进口天然气。在某些情况下，为了履行出口义务，保障市场份额，不得不把生产数量满足长单需要，从而国内的需求不足再靠进口来满足。当然就整体而言，由于国内能源政策的调整，天然气国际市场份额呈现下降趋势。同样由于未能预测到国际市场的变化，天然气价格大多没有与国际市场价格联动的条款，曾经签订的天然气长单合同都定价偏低，从而也丧失了大量收益。印度尼西亚政府一直试图就长期合同进行重新谈判，但是从商业角度，这种谈判涉及商业信誉和国家信誉等。

天然气消费中工业用气占46%，发电占33%，交通运输所占比例相当低。印度尼西亚致力于减少对石油的依赖，随着经济的发展，未来天然气的需求会有明显的增加，这体现在工业、发电、运输等多个领域。天然气储量丰富，应该在多年内能够满足国内需求和出口需求。不过，天然气产业的发展还存在很多障碍性因素，比如投资问题、管理体制问题、国内的基础设施薄弱问题，等等，能够解决这些问题需要进行全方位的改革才能理顺各种关系。2014年，印度尼西亚发布了《国家天然气政策路线图（2014—2030）》，认为从2015—2025年是高需求增长期，从2025—2030年是中速增长期。据估计，仅天然气的提纯、储存设施和相关基础设施投资在2025年前就需要320亿美元，预计2025年与2015年相比产量有望增加45%。

（三）煤炭产业

印度尼西亚具有丰富的煤炭资源，储量为1 205亿吨，探明储量为580亿吨，按照目前的开采速度预计可以维持146年。在煤炭构成中，70%为烟煤，30%为褐煤。中等质量的煤发热量为5 100~6 100大卡，低质煤为5 100大卡以下。绝大部分烟煤的发热量都在6 100大卡以下，相对而言，煤炭的发热量并不是很高。绝大多数是露天煤矿，开采成本相当低。相对于石油、天然气行业的国家垄断性质，煤炭行业的市场格局是几家大的企业和众多小企业共存的局面。

20世纪90年代，煤炭的地位无足轻重，仅仅4%的能源供应是来自煤炭，1990年开采量仅为1 020万吨，2000年和2010年实现了跨越式的发展，分别实现7 940万吨和3.25亿吨。2013年煤炭产量高达4.92亿吨，其后一直在4亿吨以上，2017

年产量在 4.61 亿吨。煤炭产量增加受到几个方面的驱动，一是受到石油产量和价格的影响，加速了煤炭开采和开发的力度；二是在增加电力生产能力时优先考虑了煤炭火力发电，尽量减少石油发电；三是国际需求因素，其中中国需求因素是主要因素，2013 年印度尼西亚煤炭生产达到高位，中国在这一年也是煤炭进口创出新高，达到 3.27 亿吨；四是煤炭企业在面临煤炭价格不确定因素的情况下，涉足电力能源领域，由于电力定价稳定，从而确保预期的稳定收益。

印度尼西亚煤炭产量的 70%~80% 供出口，剩余部分为国内消费，2005 年，印度尼西亚超越澳大利亚成为热力煤的生产国和出口国，2010 年煤炭出口 2.65 亿吨，2013 年达到 4.26 亿吨，即使是 2017 年也有 3.61 亿吨的出口量。2017 年国内煤炭消费量在 1 亿吨左右，未来会一直维持在这一水平，并有望继续向上攀升。印度尼西亚能源和矿业部确定的 2018 年和 2019 年的煤炭生产指标是 4.81 亿吨。如果需要增加产量，政府可以通过强制手段来推行。

印度尼西亚煤炭产量增加较快，产量增加部分基本为出口所吸收，相对于煤炭的国际贸易，国内贸易受到基础设施不完善的制约。大型煤炭企业本来开采成本就比较低，有到港口的铁路专用线，相较于国内贸易，国际贸易更具有竞争力。印度尼西亚为了满足国内能源需求，为煤炭生产企业确定了满足国内需求的义务，要求其生产量的 20% 要在国内销售。同时为了协调与电力生产企业的关系，为煤炭企业设定了价格上限，要求吨煤价格不得超过 70 美元。

未来 20 年，煤炭产业依然前景看好，根据 2015—2019 年印度尼西亚中期发展规划，计划新增 35GW 发电能力，其中有很大一部分是火电，预计从 2019 年起，国内煤炭需求每年在 1.6 亿~1.7 亿吨，这在很大程度上确保了国内的煤炭需求。鉴于煤炭出口所占比重较大，产业发展情况将受到国际市场的影响。不过，相对于天然气，煤炭又是一直被看衰的能源，原因在于其高碳排量。2015 年针对气候变化的《巴黎协议》被世界各国所认同，并形成具有约束力的文件，印度尼西亚是契约国之一，同时也是容易受到气候变化影响的国家之一，在国际致力于降低碳排量的大背景下，未能确立降低煤炭消耗的目标，反而大力推行煤炭的消费，这无疑会为未来的能源转型带来很大的压力。

（四）电力产业

近年来，印度尼西亚的电力产业发展较快，1990 年只有 28% 的家庭实现用电，到 2017 年已经有 95% 的家庭居民实现用电，值得一提的是由于国土面积过于分散且是由很多岛屿组成的，在某些岛屿的居民电力普及率只有 75%。从另一个指标也可以看出电力消费的情况，1990 年人均电力消费 156 千瓦，2017 年人均电力消费达到 856 千瓦，增幅达到 449%。1990 年电力消费的 51% 是工业用电，2017 年已经下降到 32%，居民用电比例从原来的 32% 上升为 42%。1990 年装机发电能力只有 12.9 吉瓦，2000 年实现了翻一番，达到 25.2 吉瓦，2013 年又实现了翻一番达到 50.9 吉瓦。自从 2000 年以来，电力生产平均每年以 6.2% 的速度增加，2017 年总发电量 260 太瓦时，2017 年达到 61.2 吉瓦。根据印度尼西亚的电力发展规划，到 2024 年实现电力普及率 100%，为此 2020 年装机发电能力要达到 90 吉瓦，2025 年装机发电能力达到 146 吉瓦。

2009 年前印度尼西亚的电力生产、传输、配送基本由国营企业 PLN 来独家管理和经营，一方面造成企业本身缺乏竞争活力，电力投资不能满足需求，另一方面也是为了维持低电价政府不得不对电价进行补贴。有鉴于此，新的《电力法》得以通过，放开电力行业的投资和建设限制，允许私人社会资本投资电力行业，私人电厂电力可以并入国家电网。由于岛屿众多，各个岛屿之间的电网还未能实现互通互联，仅有 8 个电网能够互联，还有 600 个孤立的小电网。在现有的电网体系中，国营企业 PLN 仍占有主导支配地位，发电量占 76%，其余发电量为众多社会资本电厂所提供，输电、配电、供电等仍由 PLN 来垄断经营。全国输电线路 47 400 公里，配电线路 947 900 公里。2017 年输电、配电损失达到 9.3%。

相对亚洲其他国家，印度尼西亚的发电成本并不低，但由于政府的补贴制度，实际电价并不高。尽管 2014 年对电价进行了一定程度的上调，实际电价家庭用户电价仍然不高，2017 年是 10.1 美分每千瓦时，工业用电是 8.3 美分每千瓦时。2014 年，印度尼西亚利用国际油价下跌的契机，削减了对电力的补贴。2017 年与 2014 年相比，国家财政对电力的补贴由 101.8 万亿印尼盾下降为 50.6 万亿印尼盾。尽管如此，实际补贴仍然超过了预算的 45.4 万亿印尼盾，主要原因是确定财政预算时，设定的国际原油的价格是 45 美元/桶，而实际是 50 美元/桶。国际油价波动对电力补贴产生较大影响，油价上涨越多，补贴也就越多。

根据政府所确定的《国家电力长期规划 2015—2034》，确定 2025 年的目标是到 2025 年的能源电力组合中，煤炭占 50%，可再生能源占 25%，天然气占 24%，石油占 1%。2018 年国家电力公司 PLN 提出了《电力长期发展规划 2018—2027》，提出未来 10 年电力需求将以每年 10% 的速度增加，为此，需要大力增加可再生能源比重，采取因地制宜原则，加大小微电厂的建设和开发。到 2025 年，煤炭占比为 54%，天然气和石油总共占 22%，可再生能源电力占比达到 23%。对比这两个规划，也可以明确发现，在电力构成中对煤炭的倚重也体现了当今的实际情况。

三、印度尼西亚的能源转型

印度尼西亚是东南亚最大的经济体，其能源消费量占区域消费量的40%，人口基数大，经济持续稳定发展，未来对能源的需求还会持续增长。1990年人均能源消费量折合0.54吨标准石油，2017年已经增长到0.91吨标准石油。印度尼西亚国家能源委员会是以总统任主席的跨部门的能源决策最高机构，于2006年成立，强调国家能源供给的多元化、环境的可持续性以及最大化使用国内能源资源作为未来能源政策的主线，2016年发布《国家能源政策》，提出到2050年能源需求将增加到6.8亿吨标准石油，相比2017年的2.4亿吨标准石油，增幅将达到183%。在世纪之交，煤炭在能源供给中的比重很低，由于受石油供给因素影响不得不扩大了煤炭的比重，尽管生物能曾占据很大的比重，但这种靠天然取材的用热方式与现代文明越发显得格格不入。尽管目前仍是天然气的出口国，但随着未来天然气消耗量的增加，印度尼西亚也会成为天然气的进口国。石油的进口已经为国家的财政打下了深深的烙印，如果天然气再需要进口，那么在化石能源中所能够倚重的只有煤炭。2016年印度尼西亚成为《巴黎协议》的签约国，遏制并缩减煤炭消耗总量减少碳排放是一种国际义务。为此，针对2050年的能源构成，印度尼西亚在政策长期规划中提出：石油38%，天然气14%，煤炭13%，地热和水电28%，其他可再生能源7%。未来，印度尼西亚的能源面临着艰难的转型之路，化石能源中只有煤炭储量比较丰富，但不得不进行节制生产和消费。要实现未来长期规划目标，唯有大力发展清洁、绿色的新能源和可再生能源。

（一）可再生能源储量丰富

印度尼西亚具有丰富的可再生能源。根据国际能源署（IEA）2015年的一份报告，水力能源为75吉瓦，地热能源为28吉瓦，地热能源占全球储量的40%。由于地处赤道附近，阳光直射、时间长且稳定，太阳能能源为1 200吉瓦。只是由于风速较低，风力能源较低，为1 000兆瓦左右。2014年，印度尼西亚《能源管制法》确立了能源转型之路，并提出了明确的目标，提出可再生能源、新能源的供给到2025年达到23%的比例，到2050年达到31%的比例。按照该法的界定除了水电、地热、太阳能、风能等被界定为可再生能源外，其他任何采用新技术可以产生的能源，包括新能源技术、核能或基于煤转气或煤气加工技术的能源都可以被界定为新能源。

为着手落实向可再生能源的转型，加大投资力度，理顺各种关系，政府采取了各种税收优惠措施，鼓励可再生能源向电力的转化。比如连续六年进行税额抵扣，对新能源相关设备免征进口税，对收入税实行 5 到 10 年的豁免，免征增值税，允许加速资本和固定资产折旧，等等。

印度尼西亚多山、多丘陵的地形加上充沛的降水使得水力发电具有巨大的发展前景和潜力，水力发电在目前的可再生能源中占有很大的比重，2017 年装机发电能力为 5.4 吉瓦。但是绝大多数电站远离人口稠密且电力消费总量较高的爪哇岛。受基础设施不足影响，水力发电的供应地自身消费不足，电力普及化程度低。大型电站所在地区基础设施不足，影响了产能的有效释放。小微电站由于缺少规模经济因素，缺少专业的经验和维护，盈利受到影响。目前，有多家境外公司如韩国的Daelim、意大利的 Astaldi、中国水电集团等涉足印度尼西亚的水电开发和建设项目。目前在建的 Bandung 的 1 040 兆瓦项目有望于 2024 年投入运营；Matenggeng 的 900兆瓦项目有望在 2025 年投入运营；Kayan 河的项目发电能力为 6 ~ 7 吉瓦，有望在未来进入重新启动阶段。2017 年水力发电量占国家总体发电量的 7.27%，大大高出年初制定的目标，也说明水力发电潜力正在被有效释放。

印度尼西亚处在大洋板块的交接处，地热资源相当丰富，境内有 127 处活火山。在未来的能源组合中，地热注定要发挥更大作用。目前装机容量只有 1.9 吉瓦，计划到 2025 年地热装机容量达到 7.1 吉瓦，已批准或正在建设的有 3 吉瓦，接近 8 吉瓦正处于规划之中。政府制定了超越菲律宾和美国的目标和行动计划，为加速地热资源开发建设，印度尼西亚进行了一系列的法规制度改革和土地改革，清除项目建设中的各种障碍。2017 年地热发电占国家整体发电量的 5%，2018 年已经成为世界第二大地热能源利用国。

2010 年开始对太阳能开发利用，发展相对缓慢，目前的装机发电能力很低，政府确立了未来 5 吉瓦的装机发电能力。由于地域广阔，分散式、多点式的太阳能发电可以充分满足贫穷边远地区的用电需求。目前只有一个 50 兆瓦的太阳能项目，有望在 2019 年投入运营。目前风力发电不足，只有 0.9 吉瓦的装机能力。

（二）生物燃料有望成为重要的新能源

过去由于经济发展水平低，生物能在能源供给中占有举足轻重的地位。2017 年依然占有 23% 的比例。现如今，印度尼西亚正朝着一种新型的能源转型，那就是生物燃料，棕榈油、甘蔗、植物油等都可以转化为生物燃料，尤其是在交通运输中得以使用。印度尼西亚棕榈油产量占到全球的一半以上，热带植物丰富，加上广阔的地域面积，按照强调国内资源使用的思路，生物能将会具有广阔的发展前景。生物燃料分生物柴油和生物乙醇，与现有的石油掺杂混合使用。为支持国内棕榈油产业的发展，政府对棕榈油和相关产品施加了出口征税措施，目的是为国内生物燃料产业提供有效支持。同时政府对生物燃料实行补贴制度，每升补贴从 1 500 印尼盾提升到 4 000 印尼盾。

2013 年，印度尼西亚就出台了相关规定，柴油必须掺入 10% 的生物燃料。自 2018 年 9 月起，所有柴油必须掺入 20% 的棕榈油，称为 B20，此举无疑将节省数十亿美元的石油进口开支。根据 2015 年的管理规定，到 2025 年生物柴油的比例为 30%，生物乙醇的比例为 20%，熟菜油的比例为 20%，这些生物燃料将用于交通、工业和电力产业。由于受全球生物燃料价格波动的影响，印度尼西亚正在进行 100% 的纯生物燃料测试，为生物燃料的市场普及开绿灯，包括在政府采购中强制扩大生物燃料比例、简化生物燃料的交易程序，要求国有电力公司向生物燃料转型。受国家政策的影响，生物燃料油的生产能力大大提高，全国建立了多个生物燃料油加工企业，2015 年的产能仅仅 6.7GI，2018 年已经增加到 11.4GI。2019 年生物柴油产量有望增加到 600 万 ~ 620 万吨，加上其他的生物燃料油，对于每年大致需要 3 000 万吨石油而言，其影响还是相当明显的。就整体而言，印度尼西亚希望生物燃料的比例达到 30%，如果进展顺利，势必会对能源结构产生较大影响。

印度尼西亚生产和推广生物燃料油有着得天独厚的条件，也为其能源转型提供了可靠的基础。不过，生物燃料油的发展除了受国内基础设施的制约外，在国际上也与欧盟存在着难以协调的贸易摩擦。欧盟认为大力推广生物燃料将会对全球碳减排带来不利影响，因此自 2013 年起开始对来自印度尼西亚的生物柴油征收较高的反倾销税。印度尼西亚的应对措施只能是与马来西亚、阿根廷生物燃料生产国和出口国在世界贸易组织抵制欧盟的决议，并就相关问题进行磋商，能够为能源结构改革创造有利的国际条件。

（三）多项措施促进能源转型

毫无疑问，印度尼西亚的能源产业需求和供给涉及方方面面，多个利益相关体。能源与居民生活、产业竞争力、国家未来发展密切相关。从 2003 年起，印度尼西亚一直在对国家石油天然气产业进行改革和重组，比如剥离其政府监管职能、对行业进行纵向分拆，把监管与实际运营进行分拆，鼓励境外和社会资本投资，等等。同时，也对电力行业进行了改革，取消国有电力企业在电力生产上的独家地位，允许社会资本参与电力生产。对成熟的能源业务通过赎买手段收归国有，增加国家对能源的管控力度。在保障能源供应中，也在设法提高能源利用效率，降低能源密集度，寻找替代性能源，比如煤层气。在交通运输中增加天然气比例，在电力生产中减少石油的比例。国家能源问题错综复杂，国家为此确定了 4A 策略作为能源发展的思路，即可具备性，能够保障能源供应；可获得性，拓展多元供给；可接受性，能够适应环境和可持续发展的需要；可支付性，尽量能够以有效率的方式降低电力消费支出。

四、印度尼西亚能源转型对我国的启示

我国与印度尼西亚同属亚洲国家，地域相近，文化上具有某种天然的联系。历史上下南洋的很大一部分也包括到印度尼西亚。撇开这些，两国在能源问题上曾具有高度的相似性，我国一度也可以实现煤炭、石油等能源自给。随着经济的发展，资源、环境的约束压力日益增大。自1992年起，我国也不得不进口石油，并且进口石油比例不断增大，受国际政治经济形势影响，能源安全问题一直相对比较突出，同时也由于能源缺口较大，在压缩国内煤炭产能的同时，不得不进口部分煤炭以缓解南方煤炭需求紧张的压力。长期依赖进口势必对我国经济的可持续发展带来一定的挑战，能源转型、发展绿色能源才能有效化解各种压力。

我国的能源形势在未来相当长时间内仍比较严峻，为此，我国需要在能源问题上放眼长远，在充分利用国际资源的同时，有效提高能源利用效率，增加多元化供应渠道。根据国情发展需要，积极探索非化石能源，比如核能、地热、水电等。在充分保障粮食供应的前提下，也可以探索生物燃料产业的发展。唯有多措并举，才能保障国家能源的长远安全。

科技金融

大数据金融支持小微企业融资的主要模式、存在的问题及政策建议

中国人民银行营业管理部课题组[①]

摘要： 小微企业具有轻资产、信息不透明、生命周期短等特点，往往信用数据有所缺失，金融机构难以完成有效的风控和授信。在此背景下，分析运用大数据等技术解决小微企业融资难，缓解小微企业困境，具有重要的现实意义。近期，人民银行中关村中心支行对国内银行利用大数据支持小微企业贷款情况进行文献梳理，并选取小微企业贷款业务较为典型的 8 家银行和 2 家小微企业以及 1 家科技数据公司进行专题调研。调查显示：小微企业融资仍以抵押担保类贷款为主，纯信用贷款主要基于银行对大数据的利用，但由于企业画像数据可得性和可靠性不足等原因，限制了小微企业纯信用贷款的发展，难以真正解决小微企业融资难的根本问题，建议推动数据信息共享合作与标准化，提高数据质量及利用效率，实现小微企业融资的可持续发展。

关键词： 大数据　小微企业　融资

一、研究的背景和意义

中关村示范区企业"轻资产、高成长"现象较为普遍，净资产规模较小甚至为负，据统计，在 2.3 万家高新技术企业中，仅有约 1/3 的企业曾获得过金融机构境内贷款支持。近年来，取消存贷比、定向降准、抵押补充贷款等政策工具先后推出，针对小微企业的信贷资金相对充足，小微企业融资难问题得到一定程度的缓解。传统银行在服务占总量 20% 左右的排名靠前的中小企业方面有其优势，但在触达体量

---

① 作者简介：课题组成员：杨长喜、宋谷予、马艺铭、刘瑾、杨媛媛、李天畅、张婧，现均供职于中国人民银行营业管理部中关村中心支行。

更小、代表我国经济"毛细血管"的小微企业方面却仍有不足。小微企业具有信息不透明、轻资产、生命周期短等特点，往往信用数据有所缺失，金融机构难以完成有效的风控和授信是导致小微企业融资难的重要原因。在此背景下，分析运用"大数据"等技术解决小微企业融资难，缓解小微企业发展困境，具有重要现实意义。

近期，中关村中支对国内银行利用大数据支持小微企业贷款情况进行资料收集，并选取小微企业贷款业务较为典型的8家银行和2家小微企业以及1家科技数据公司进行专题调研。调查显示，小微企业融资仍以抵押担保类贷款为主导，纯信用贷款主要基于银行对大数据的利用，但由于企业画像数据可得性和可靠性不足等原因，限制了小微企业纯信用贷款的发展，难以真正解决小微企业轻资产融资难的根本问题，建议推动数据信息共享合作与标准化，提高数据质量及利用效率，实现小微企业融资的可持续发展。

二、小微企业融资基本情况

（一）银行业金融机构呈现利用金融科技大数据助推小微信贷趋势

传统的银行贷款风控较为严格，人力等各项成本相对较高。使得银行风控审核难以通过或单笔贷款额度低造成的银行贷款利润过低，最终导致小微企业贷款难。近年来，越来越多的银行业金融机构紧跟互联网信息技术发展趋势，通过运用现代信息科技手段，促进金融科技与小微信贷结合。如中信银行推进金融科技创新，全速推进"凌云项目""凤凰项目""中信大脑""瀚海项目"等八大金融科技创新项目，加快对接各类大数据平台，加大内部数据挖掘力度。[①] 各银行业金融机构基于优势互补、各取所长的原则，积极与金融科技领域知名企业开展合作，通过快速整合多方优势资源，实现引领性创新，提升小微企业融资便利度和可得性。

（二）小微企业融资产品抵押贷款占比近八成

根据样本银行测算，目前小微企业贷款仍以抵押担保类贷款为主，纯信用贷款占比为0.3%~25%。以某地方商业银行北京分行为例，截至2019年5月31日，小微企业纯信用贷款占比为0.34%，抵质押类贷款余额194 611万元，占比82.29%；保证类贷款余额41 086万元，占比17.37%。企业平均融资利率为6.39%。又如某地方商业银行中关村分行，2018年末小微企业贷款金额占比中，信用贷款占24%，

---

① 根据中信银行2018半年度报告整理所得。

抵押贷款占20%，担保贷款占54%，质押占2%。

（三）纯信用贷款主要基于银行对大数据的利用

纯信用贷款主要基于银行对大数据的利用而推出的产品，如税务贷、科技贷和透易融等产品。以某地方商业银行税务贷为例，该产品为标准化信用产品，以企业的纳税行为及纳税额为依托，结合法院、工商等大数据，对企业及经营者进行分析判断，向诚信纳税的中小企业发放信用贷款，用于企业生产经营。单笔贷款的金额上限为100万元，额度根据企业平均年纳税额8倍进行计算，融资期限为5年，2~3天极速放款，按日计息，随借随还，主要客群为零售百货类企业，产品突出特点为"企业备用金"概念。

三、大数据金融融资的主要模式

现在主流的大数据融资多是通过多维度的信息如税务、工商、法院、征信等共同对贷款企业做出评价，本文在对大数据融资模式分类时主要参考目前市场主流产品，并根据产品所使用的核心信息分为税务信息模式、支付信息模式、企业经营信息模式等。

（一）税务信息模式

税务信息是银行与第三方最看重的企业信息之一。税务信息覆盖范围广，理论上能够覆盖所有规模的企业；可以真实反映企业经营情况，造假难度大；且由于税务信息主要以数据为主，方便通过大数据等技术进行建模，开发出标准化产品，加速贷款流程，降低成本（见图1）。目前税务信贷产品主要分为两大类。

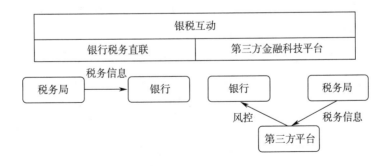

图1　税务信息模式

第一类：直联税务贷。为银行与税务局直联共享数据，银行建模自主开发的税务贷。目前多家银行自主开发了第一类税务贷产品，贷款额度在数十万到数百万元之间，多数为标准化产品，可以循环使用，随借随还。以建设银行税易贷为例，金额上限为 300 万元，针对按时足额纳税的小微企业发放，期限 1 年，可循环使用。[①]

第二类：间联税务贷。为第三方科技金融平台作为中介分别连接税务局和银行，其中平台提供技术，利用税务数据对企业进行评价，将第一类中原属于银行的风控部分剥离出来。而银行作为资金来源，或通过平台的征信报告对企业贷款，或直接与平台合作，共同推出信贷产品。典型第三方平台有微众税银、东方微银、爱信诺等。以微众税银为例，目前已与近 30 个省市国税局、近百家银行总行、大型金融机构实现合作，为超过 100 万户小微企业提供贷款，总贷款额超过千亿元。[②]

（二）支付信息模式

支付信息主要包含向上游支付的信息和向下游收取资金的信息，在很大程度上也可以反映一个企业的运营状况。随着移动支付的快速发展，支付信息相对于税务信息来说对小微企业的刻画更为细致和全面（见图 2）。目前以支付信息为核心的贷款主要有两类。

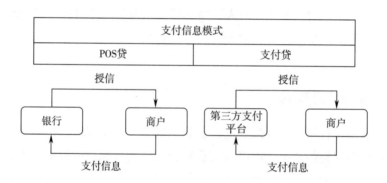

图 2　支付信息模式

第一类：POS 贷。以企业或商户在 POS 机上的支付记录为依据，测算企业规模，对企业进行贷款。POS 贷是银行最早创新出的小微企业贷款产品，现在多数银行都有相关产品，以短期贷款为主，金额多在数十万到数百万元之间。以交通银行 POS 贷为例，对持续经营超过 2 年的商户提供最高 50 万元的纯信用贷款，授信期限 1 年，单笔业务贷款期限 45 天，在线申请，即时可知审批结果。[③] 但 POS 贷数据相对单一，无法完全反映企业运行状况，再加上近些年来移动支付的兴起，挤压了 POS 支付的空间，使得 POS 贷的受欢迎程度缓慢下降。

---

① 资料来源为根据中国建设银行官网整理所得。
② 数据为同花顺财经报道整理所得。
③ 资料来源为根据交通银行官网整理所得。

第二类：支付贷。以第三方支付平台支付数据为核心的支付贷。支付贷数据维度、全度高，信息真实性强，伪造难度大。随着移动支付的崛起，支付贷在餐饮、零售等行业以及三四线城市中还有巨大的发展空间。目前以京东、阿里、美团、支付宝、微信等企业为代表的第三方平台均推出了自己的多种支付贷产品，以阿里旗下的网商银行为例，在2017年6月针对支付宝商户上线了"多收多贷"支付贷产品，截至2018年6月，在一年时间里总计服务了300万码商，放贷规模超过1 000亿元，不良率为0.54%，复贷率达到35%。[①] 目前各平台的支付贷主要以服务自身平台的商户为主，这也使得平台间的数据共享成为支付贷所面临的问题。

以美团生意贷为例，2016年11月，美团推出信用贷款产品"美团生意贷"，为美团平台上的小微企业和个体工商户提供经营性贷款服务。美团生意贷主打无须抵押，无须担保，系统自动审批、秒级快速审批、申请材料简便、贷款效率高，最快可达15秒审批、1分钟放款。美团生意贷在模式创新上，充分利用了美团平台的四大生活场景优势，结合场景及其衍生数据和外部征信信息，以大数据分析能力、人工智能、生物识别、云计算等技术为工具，对小微企业设定合理的差异化授信额度，构建了美团专属客户信用模型，贷款不良率低于1%。[②] 目前，美团反映其生意贷有效覆盖小微企业，按日计息、随时还款，充分满足小微企业的短、频、急的融资需求。

（三）企业经营信息模式

软件即服务（Software – as – a Service，SaaS软件）主要指为企业财务、库存、人力等进行管理的软件。SaaS软件的最初使用者为大中型企业，但近些年许多软件服务商为小微企业以及各个行业细分领域开发了简约版的SaaS软件。对于银行来说，小微企业信息不透明所导致的获客难一直是难以解决的问题。而对于积累了大量用户数据的SaaS企业，这是一个天然的优势。在国家大力鼓励小微企业贷款的政策背景下，众多SaaS企业进入了小微企业贷的市场（见图3）。目前，SaaS贷主要分为两类。

第一类：直接为金融机构导流。SaaS软件会直接在软件页面中显示贷款广告，银行与SaaS企业的合作模式为返点，为贷款金额的0.8% ~ 1%。大部分情况下只有特定的企业才能看到贷款入口，银行风控通过SaaS软件得以前置。

第二类：通过SaaS软件的数据，为资金方提供授信依据。小微企业贷最大的问

---

① 数据来源为艾瑞集团《中国小微企业融资研究报告（2018）》。

② 资料来源为根据36氪报道整理所得。

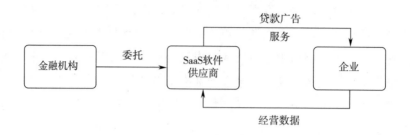

图3　企业经营信息模式

题是数据缺失，而 SaaS 软件获得的企业核心数据如流水、财务、库存等一定程度上解决了这个问题。如一家餐饮行业的 SaaS 厂商，在 2017 年推出了针对餐饮门店的信用分，其中餐饮企业的经营状况占一半权重。该 SaaS 企业会考核 6～12 个月内，一家餐饮店的营收、客单价、人流量变化，甚至顾客评价等信息，反映在信用分体系中。在这种模式下，SaaS 企业或针对每笔贷款收取 1%～2% 的手续费，或从贷款实收利息中收取一定比例的技术服务费。

目前，SaaS 贷所遇到的问题主要有：一是数据量有限。除如用友、金蝶等有数百万用户的头部企业外，大部分 SaaS 企业服务于某一特定行业，而通常一家用户也只使用一个 SaaS 软件，这导致 SaaS 贷的规模可能受到限制，很难快速做大。二是数据真实性问题。理论上，这些企业的财务、库存等信息可以作为大数据为贷款提供依据，但由于这些软件信息主要由商家填写，真实性相对较低，目前已经出现了一些企业伪造数据骗取贷款的情况（见表1）。三是数据单一，不足以支持授信。绝大多数平台企业无法有效整合商流、信息流、资金流、物流，单一的 SaaS 数据还并不足以支持授信。目前，大部分 SaaS 企业已经引入多种外部数据源，如税务、发票、工商、司法等，多维度数据支持授信。

表1 大数据金融融资的主要模式对比

大数据金融融资	税务信息模式	支付信息模式	企业经营信息模式
	银行、科技公司	银行、科技公司	科技公司为主
信息流	挖掘税务信息	凭借支付信息进行贷款，利用交易流水换贷款授信	挖掘 SaaS 贷信息
代表企业	宁波银行等，百旺、航天金税、微众税银	阿里、京东、美团等	用友等管理系统服务商
存在的主要问题	税务信息共享不足	电商数据共享程度低	数据的真实性、合规性难以保证

四、业务发展遇到的问题

（一）大数据可得性和可靠性不足

1. 政府数据共享有限，信息公开管理机制不完善

小微企业往往具有规模小、创立时间短、财务制度不健全等特征，企业各项数据欠透明，从企业端获取的数据难以全面反映企业生产经营状况和财务信息等，使得银行在获客和风控环节难以把控，因此更加需要从工商、税务、海关等部门获取信息以减少信息不对称。目前，税务等相关部门向银行共享了部分数据，但信息公开机制尚不完善，信息公开渠道、范围、效果等不统一，导致银行数据获取和整合成本较高。如某国有大型股份制商业银行北京市分行表示，北京市税务局向银行开放纳税企业的工商信息及纳税信息共计20余项，而总行线上税融通产品对于涉税数据需求共计80余项，无法满足贷款模型对数据的需要，难以达到银行风控要求。又如，某地方商业银行北京分行表示，我国征信数据大多为企业负面信息，缺少企业正面数据，无法全面刻画小微企业特征。某股份制民营商业银行北京分行表示，征信数据目前只包含在金融机构已经提款的数据，但未提款的授信额度数据无法获得，影响银行对小微企业的贷款调查。

2. 外源数据可靠性难以保障，且采购成本较高

数据信息和数据系统的可靠性是应用大数据技术的基础，数据信息不可靠将导致大数据建模的结果产生偏差，损害数据信息主体的权益。对于银行而言，外部数据的可靠性需确保数据从源头采集到数据存储、数据应用的全过程安全可靠，避免信息造假。当前，不少银行外源数据来自新闻媒体、社交网络等，尽管能够全面记录有关企业的各类信息，但难以识别信息的真实性和可靠性。同时，从科技公司手中购买外部数据成本较高，影响银行对小微企业融资产品的研发。如某地方商业银行北京分行表示，由于自身专业性限制，目前银行授信采取自身数据与购买外部数据相结合的方式，但购买成本太高，负担较重，仅对接税务局数据一项采购成本为每年30万~40万元。

3. 公开数据多为非标准化，整合成本高

在我国企业数据分散在税务、海关、工商等不同部门的信息系统中，数据标准、统计口径和数据输出格式等各不相同，影响商业银行在企业信息采集、加工、整理、使用等环节的效率。如某国有大型股份制商业银行北京市分行表示，工商、税务、法院、财政等数据资源较为分散，信息开放性和透明度不高，银行在使用信息时必

须反复调查取证，从而降低融资效率和增加融资过程中消耗的人工成本。

（二）数据隐私被滥用、企业信息安全受威胁

一是大数据立法滞后于实践。网络技术的发展使得数据采集和加工的外延不断扩大，但当前立法对于数据归属等相关问题的界定较为模糊，如用户与企业之间数据权属的界定方法、不同国家之间的用户数据定义方式等，导致有关主体在采集和使用信息时难以确定法律适用范围，相关监管部门也无法界定违规行为和适用罚则。

二是非法采集数据难以规范。当前，不少软件或服务提供商未经授权或过度收集和使用客户信息，不符合数据收集的"最小必要原则"，如在下载 APP 时要求读取手机通讯录、存储空间等，但对读取后从中拿了什么、放哪儿去、有何标准、是否安全等问题，往往既不规范也不透明，存在滥用数据隐私的道德风险。

三是数据泄露事件频繁发生。大数据时代众多网络服务商掌握了大量用户数据，但缺乏相应的数据安全保障能力，导致数据泄露事件屡见不鲜。如 2018 年 3 月，一家名为"剑桥分析公司"的数据分析企业在未经授权的情况下，非法获取脸书（Facebook）上 5 000 万用户的信息；2018 年 8 月，1.3 亿消费者在华住酒店集团的消费信息在网上售卖；2018 年 12 月，400 万条"12306"旅客信息通过第三方渠道被泄露。

（三）适合小微企业特征的信贷产品供给少

一方面，小微企业纯信用贷款占比很低。小微企业大多处于初创期，轻资产、缺少担保抵押，难以达到传统信贷发放条件。根据样本银行的调研数据显示，小微企业贷款仍以抵押担保类贷款为主，纯信用贷款占比较低，信贷产品对小微企业"轻资产"特点针对性不足。另一方面，小微企业贷款多为不超过 1 年的短期贷款，只能满足企业日常流动资金需求，对于急需扩张规模、投资固定资产等企业长期需求难以满足。某国际贸易公司、某水处理企业反映，作为小微企业未曾从银行获得过纯信用贷款，只能获得担保或抵押贷款，并且授信额度均为 12 个月以内短期贷款，很难获得境内银行长期贷款，企业长期资金需求只能靠自身造血或从境外融资。

（四）商业银行缺少对小微企业差异化定价能力

商业银行之前大多以大中型企业为贷款对象，由于小微企业自身特点与之有所不同，需要新的判断标准和专门化的模型来决定是否对小微企业发放贷款。小微企业数量众多、分布广泛，融资需求具有金额小、频率高、用款急等特点，需要商业银行融资产品更加灵活和适应小微企业特点。但当前银行对小微企业融资的模式发

展尚不成熟，许多产品仍停留在理论阶段或发放规模较小，未能实际发挥普惠金融的作用。小微企业最终产品和服务价值占我国GDP比例约60%，纳税额占国家税收总额约50%，而小微企业贷款余额只占企业贷款余额的不到40%。此外，为解决融资贵问题，部分商业银行还存在为响应降低小微企业融资成本，不计成本降低定价标准的现象。

五、政策建议

（一）推进大数据立法，从制度层面保障数据安全

建议建立完善的数据安全法规，加强政策、监管、法律的统筹协调，加强数据权属立法研究，建立大数据相关领域的知识产权保护制度。细化数据安全责任制度，明确数据共享的范围边界和使用方式，着力解决政府内部数据共享管理制度缺位、不敢共享、不愿共享等问题，让政府部门及银行在数据采集、使用、共享等方面有法可依，推动公共数据高质量开放。

（二）建立全面集中的小微企业综合信息共享平台，提供企业信息大数据共享支持

某国有大型股份制商业银行北京市分行建议进一步完善营商合作环境，由工商、税务、法院、财政、海关等权威部门与金融机构加强合作，实现数据共享和系统对接，加强信息开放性和透明度，解决大数据来源真实性、可靠性和及时性的问题。某地方商业银行中关村分行建议在政府相关部门及金融机构间搭建大数据信息共享与交换平台，使商业银行能够及时、高效地了解小微企业信息和信用情况、提供更好的金融服务，同时也便于银行为信用记录良好的小微企业开辟专门的贷款通道，完善信用惩戒机制。

（三）健全大数据技术标准、分类标准和数据标准

某地方商业银行北京分行建议健全大数据技术标准、分类标准和数据标准，以便金融机构能够更便捷地使用大数据，节约使用成本，更好地服务小微企业。某地方商业银行北京分行建议全市各区建委信息进行整合共享，统一全市抵押物信息查询及解抵押业务办理的标准及流程，有效提升小企业授信业务的审批时效。

（四）推动银行与第三方数据平台合作，降低数据采买成本

某地方商业银行北京分行建议助推银行加强与市场第三方数据公司的合作的同

时，降低银行采买数据的成本，使银行能够便捷地取得真实可用的大数据来判定企业贷款风险，提高贷款效率，以利小微企业融资的可持续发展。

（五）对小微企业贷款实行差异化监管

某国有大型股份制商业银行北京市分行、某企业管理软件供应商建议监管部门对小微企业不良贷款（尤其是科技型轻资产小微企业）相关人员责任认定、贷后管理等方面进一步实行与普通企业授信业务差异化监管，减轻相关人员业务压力，适度放宽企业贷款不良率容忍度，适度放宽逾期贷款认定为不良贷款的时间鉴定标准，从源头上形成良性向导，从而更好地推进小微企业贷款业务的发展。

（六）建立支持小微企业融资长效机制

完善支持小微企业融资的制度安排，设立支持小微企业的专门性机构，适当引导银企对接，降低银企间信息不对称；某企业管理软件供应商建议进一步鼓励银行进行针对小微企业的大数据模型研发，提供技术指导或财政补贴支持，降低银行授信成本，使银行方从被动变主动，形成良性循环。

参考文献

［1］张赟. 大数据下中小企业供应链金融融资问题研究［J］. 纳税，2019，13（6）：197.

［2］张璐昱，王永茂. 电商大数据金融下小微企业融资模式研究——基于蚂蚁金服与京东金融的比较［J］. 西南金融，2018，444（7）：54–60.

［3］李连梦. 基于大数据的商业银行智慧型风险管理研究［D］. 天津商业大学，2016.

［4］郑玉强，苏启院，彭少辉等. 运用大数据破解小微企业融资难题的应用实践［J］. 金融科技时代，2019，282（2）：31–35.

［5］孔晴晴，黄莉茹. 科技型小微企业的融资现状分析［J］. 现代商贸工业，2019，40（20）：59–60.

［6］林华. 基于交易平台的供应链金融产品的风险管理研究［D］. 浙江工业大学，2017.

［7］中国小微企业融资研究报告2018年［A］. 艾瑞咨询系列研究报告（2018年第12期）［C］. 上海艾瑞市场咨询有限公司，2018：39.

［8］于洋. 中国小微企业融资问题研究［D］. 吉林大学，2013.

［9］张伟如. 中国商业银行对小微企业信贷融资问题研究［D］. 对外经济贸

易大学，2014.

[10] 吴江涛. 商业银行小微企业金融服务研究 ［D］. 江西财经大学，2012.

[11] 中国工商银行. 小微金融/信贷产品. ［EB/OL］. http：//www. icbc. com. cn/ICBC，2019.

[12] 交通银行. 小微企业特色融资［EB/OL］. http：//www. bankcomm. com/BankCommSite/shtml/jyjr/cn/7387/7444/8080/8072/list. shtml？channelId＝7804，2019.

[13] 中国建设银行. 小微企业/产品服务［EB/OL］. http：//scompany1. ccb. com/cn/home/s_ company_ indexv3. html，2019.

[14] 中国农业银行. 小微企业服务/小微企业产品［EB/OL］. http：//www. abchina. com/cn/sme/National/wjd/，2019.

[15] Abdulsaleh A M，Worthington A C. Small and medium – sized enterprises financing：A review of literature ［J］. International Journal of Business and Management，2013，8（14）：36.

[16] Malhotra M，Chen Y，Criscuolo A，et al. Expanding access to finance：Good practices and policies for micro，small，and medium enterprises ［M］. The World Bank，2007.

[17] Akingunola R O. Small and medium scale enterprises and economic growth in Nigeria：An assessment of financing options ［J］. Pakistan Journal of Business and Economic Review，2011，2（1）.

区块链技术与金融资产管理问题研究

杨　勇[①]

摘要： 本文从区块链应用的现状与特点入手，分析其应用特征，对比现实资产数字化管理的必要条件，提出资产数字化过程必须经由中心化模式确权，实现现实资产与数字资产硬链接的观点，并据此就制度建设、实现模式、应用架构等方面提出相关工作建议。

关键词： 区块链　金融资产　中心化管理　问题研究

2019 年 10 月 24 日，中央政治局就区块链技术发展现状和趋势进行了集体学习。自 2008 年中央第一次提出区块链的概念，区块链技术已经发展十余年，但公认较为成熟的应用场景少之又少，实现现实资产的数字化管理还需技术的进一步成熟。区块链技术具有去中心化管理和去信任依赖、安全性强、数据难以篡改、自动执行智能合约等特点，能够实现安全的点对点资产交易，是实现资产数字管理的有效载体。但区块链技术本身难以解决链上现实资产的真实性问题，即解决数字资产与现实资产的锚定问题。而要实现二者的硬链接，必须借助中心化的手段，以信用做背书。本文通过对比现实资产数字化管理的必要条件，提出现实资产数字化过程必须经由中心化模式确权，实现现实资产与数字资产"硬连接"的观点，并据此就制度建设、实现模式、应用架构等方面提出相关工作建议。

一、区块链的特点、应用界限

区块链最早作为比特币的底层技术而广为人知。比特币的概念在 2008 年诞生，2014 年人们发现对比特币底层剥离出来的区块链技术进行改造，可作为基础设施适用于更多的应用场景。随后，世界各大金融机构开始关注区块链技术，并且在分析

---

① 作者简介：杨勇，现供职于中国人民银行张掖市中心支行。

后认为其能够在金融的各个领域中发挥降低成本、提高效率的作用，这使得区块链技术迅速在金融科技浪潮中成为全球焦点。

（一）区块链的技术本质和分类

区块链的含义随着技术本身的不断发展和完善逐渐变化，从本质上讲，它是一个共享数据库，存储于其中的数据或信息，具有"不可伪造""全程留痕""可以追溯""公开透明""集体维护"等特征。

目前学界尚未给出明确的区块链定义。较为公认的说法是：区块链是比特币的底层技术和基础架构，本质是分布式共享数据库系统。新增的数据通过密码学的方法与之前写入的所有数据相关联形成链式结构，用以保证已有数据难以被篡改，并采用共识算法对新增数据达成共识，实现分布式存储的一致性。而共识算法是区块链系统中实现不同节点之间建立信任、获取权益的数学算法。

区块链分为公有区块链、私有区块链和联合（行业）区块链三大类。

公有区块链是指世界上任何个体或者团体都可以发送交易，且交易能够获得该区块链的有效确认，任何人都可以参与其共识过程。所有参与主体都可以发出交易请求等待被写入区块链，都是共识过程的参与者，通过密码学技术以及内建的经济激励机制共同维护数据库的安全，数据难以被篡改。公有区块链是完全的去中心化系统。

私有区块链是指仅仅使用区块链的总账技术进行记账，可以是一个公司，也可以是个人，独享该区块链的写入权限，本链与其他的分布式存储方案没有太大区别。私有区块链的参与主体仅有一个，其他主体通过私有区块链所有者访问数据，但数据的访问和使用有严格的权限管理。由于仅有一个参与主体，区块链上的数据完全由其生成并管理，难以保证数据不可更改，这与中心化的数据存储方式没有本质上的差别。

联合（行业）区块链介于公有区块链和私有区块链之间，是指由多个参与主体构成控制联盟，进入和退出需要授权的区块链。交易发起者需要通过联合（行业）区块链的参与主体发起交易请求等待写入区块链，联合（行业）区块链的参与主体是共识过程的参与者。由于共识过程参与主体较少，联合（行业）区块链能够提供较为高效的交易处理能力和低廉的交易成本，但这也意味着在共识下，参与者可以共同篡改数据。联合（行业）区块链是部分意义上的去中心化系统，属于多中心或弱中心的应用。

（二）区块链的特点以及局限性

一是去中心化，分布式数据存储。区块链是一个分布式的记账簿，数据具有多个副本，去中心化是区块链最突出最本质的特征。区块链的基本存储单元是区块，其标识是区块的哈希值。这种模式在传统的数据库设计中也会采用，例如拉链表形式。而区块链把这一特征变成了底层固有模式，加入了哈希、时间戳等机制，从技术上加强了链条的有效性。各类区块链应用采用了不同的共识机制解决分布式存储的一致性问题。比特币应用采用工作量证明，即通过指定条件的计算获得成果，用成果来证明曾经付出的工作量。其他较为常用的还有通过业务规则达成共识的权益证明，以及通过技术规则达成共识的实用拜占庭容错等机制。

二是安全性强，数据难以篡改。区块链通过共识算法对所有参与者进行约束，新的数据与之前的所有数据产生关联，并且必须由足够多的参与者达成共识才能生效并被记录，对某一条数据的篡改会影响后续的所有数据，并被其他参与者排斥和抑制。只要不掌握全部数据节点的51%，就无法肆意操控修改网络数据，这使区块链本身变得相对安全，避免了主观人为的数据变更。基于这一原因，区块链的参与者越多，其安全性就越强，数据篡改的难度就越大。私有区块链、联合（行业）区块链和公有区块链三者中，参与者数量逐次增加，数据篡改的难度也相应增加，公有链是其中篡改数据最为困难的体系。

三是独立运作，自动执行智能合约。基于协商一致的规范和协议，整个区块链系统不依赖其他第三方，所有节点能够在系统内自动安全地验证、交换数据，不需要任何人为的干预。从技术角度看，智能合约是一个在沙箱中运行的脚本，当满足一定条件的情况下，可以自动执行某些数据操作，用于执行区块链业务中的业务逻辑。在传统数据库中，相同的功能由触发器和存储过程实现。从业务角度看，智能合约是一套标准化的合同，无须人为介入即可自动执行。当一个预先设定的条件被触发时，智能合约执行相应的合同条款，以此实现"可编程的经济"。可编程的经济将能显著解决经济运行中的透明度和可信度问题，缓解信息不对称带来的风险，降低金融交易的成本。

四是开放透明，数据对等可靠传输。区块链技术基础是开源的，除了交易各方的私有信息被加密外，区块链的数据对所有人开放，任何人都可以通过公开的接口查询区块链数据和开发相关应用，因此整个系统信息高度透明。区块链技术是一组技术的组合，在数据传输方面，区块链网络可以看作是对等网络（P2P）的加强和升级。区块链在信任节点、非信任节点、客户端与信任节点之间往往通过P2P方式解决数据传输问题，并在对等网络的基础上增加链式数据验证，更加强化数据传输的可靠性。但在真实业务场景下，部分业务数据仍需保存在本地独立的系统中，而区块链平台只能保证自身数据间的一致，因此在技术框架设计上需确保本地业务数据与区块链数据的一致。

值得关注的是，区块链技术已出现十余年，除了 ICO 外，尚无其他规模较大的应用。在实践中，区块链技术在商业的应用大部分仍处于构想和测试之中，距离在生活生产中的运用还有很长的路要走，部分应用演变成了事实上的中心化体系，需要发行者不断维护，否则就会崩溃；部分应用为了加强安全性、堵塞漏洞，引入了诸如中心化认证的中心化管理模式，实质上失去了去中心化的特性。而交易所代币丢失、黑客盗窃、51% 算力攻击等安全事件，更是引发了对区块链安全性的疑虑。与此同时，随着区块链应用规模日益扩大，去中心化带来的低效与算力浪费将愈发严重，效率、成本、安全等几个重要因素更加难以兼顾，这也将成为限制区块链技术落地的最大障碍。

（三）区块链的应用界限

从区块链的技术本质看，其核心并非是去中心化，而是分布式数据存储，所谓的去中心化是在分布式存储的基础上产生的推论。区块链技术提供了一种新型的底层技术架构和协作模式，能够产生去中心化的效果，也能够用来搭建中心化，或是多中心、弱中心的应用。

技术归根结底要为业务服务，是实现业务的手段。区块链技术提供了一种新型的手段，但并非在各类场景下都优于已有的技术。最终技术使用者往往以满足需求为第一目标，而不关注实现的技术模式属于中心化还是非中心化架构。区块链技术只是一种能够实现去中心化的工具，相对在目前几乎任何服务或者应用都必须通过中心化的方式提供和实现的社会中，区块链技术提供了一种中心化方式之外的、能够某种程度上去中心化的技术选择。

中心化与去中心化并非完全对立，在技术上二者可以结合和协同。例如，比特币交易者可以视为信奉去中心化的人群，而市场对比特币的定价是由交易者在中心化交易所通过交易完成的，他们交易的过程是在交易所提供的中心化应用中完成的，确认交易时使用的比特币区块浏览器也是典型的中心化机构提供的中心化应用。几乎没有交易者会质疑这些中心化机构或是避免使用这些中心化应用。中心化的市场定价、去中心化的交易过程和中心化的交易应用在业务实现和技术选择上实现了完美的协同。

（四）研究区块链金融应用的必要性

区块链的去中心化，天然是以牺牲性能为代价的。在成本方面区块链系统也并不比中心化系统更具优势。此外，在匿名性、隐私性上，目前的区块链技术具备的优势也十分有限。因此，现有的区块链系统与中心化系统竞争，其优势基本只有一个，就是去中心化，而劣势则非常多。

但我们更应看到，区块链技术为金融活动提供了一种新型的去中心化的协作模式，将有可能缓解由完全中心化模式带来的中介成本高昂、信息垄断、道德风险等弊病。而区块链技术目前尚处于发展的初期阶段，核心技术还存在很大的改进和完善空间。我们应该抓住这个阶段，持续投入跟进研究，至少做到在技术上紧跟第一梯队，力争发展自主可控的区块链技术。

二、金融资产数字化管理仍需中心化元素

目前，区块链技术主要应用于金融、物联网、物流、公共服务等6个领域。区块链在金融领域有着潜在的巨大应用价值，将区块链应用在金融行业，能够省去第三方中介环节，实现点对点的直接对接，从而在大大降低成本的同时，快速完成交易支付。但是，受现行观念、制度、法律制约，技术层面还有尚需突破的关键内容，区块链应用还处在实验室初创开发阶段，没有直观可用的成熟产品，因此，为保证金融体系安全，防范不必要的金融风险，金融资产数字化管理仍需中心化元素的存在。

（一）现有的金融资产电子化管理是以完全的中心化机制为核心

金融电子化是指采用现代通讯技术、计算机技术、网络技术等现代化技术手段，提高传统金融服务业的工作效率，降低经营成本，实现金融业务处理的自动化、业务管理的信息化和金融决策的科学化，从而为客户提供更为快捷方便的服务，达到提升市场竞争力的目的。金融资产的信息化和电子化往往是在国家法律法规的框架下，由国家金融监管机构或金融机构等中心化机构将金融资产与电子信息一一对应，实现电子化过程，再由传统的中心化计算机系统进行管理，实现权利转移等管理职能，其效力由国家强制力、监管机构，以及金融机构的信用做保证。金融资产的电子化过程及权利转移都是由中心化机构通过中心化模式完成的。

（二）金融资产数字化过程仍需借助中心化手段实现

比特币自出现至今已持续运营11年，证明了以区块链技术实现数字资产权利转移管理的可能性。但是，比特币本身是由区块链的共识机制产生，与现实资产并不存在对应关系，实际是用特定的手法解决了特定的问题，并没有给出普适性的实现现实资产数字化管理的解决模式。而目前，影响区块链技术在金融业落地的最大难点正是硬链接难题，即在区块链内的数字资产与区块链外的实物或虚拟资产之间建

立牢固、可信任的链接绑定关系。

截至目前，尚无能够解决硬链接难题的纯技术手段。区块链技术的部分应用采用了二维码标签、只读 IC 卡芯片等防伪追踪系统的设计来解决硬链接问题，这类静态标签应用于低价消费品等一般交易场景尚可，但若一旦处于"空链接""伪链接""一对多""多对一"等密码学研究中常用的攻击方式下，就会漏洞百出，难以保证链接的唯一性和有效性，因此其实际应用价值非常有限。如果不能实现一对一的、可靠的，难以破坏、复制和挪动的硬链接，那么用区块链来管理金融资产就无法实现。

既然目前尚无纯技术手段能够解决硬链接问题，不妨借鉴金融资产的电子化过程，采用已有的中心化机制，由国家法律法规等强制力保证，监管机构监督执行，大部分金融机构共同参与，建立金融资产与区块链上数字资产的硬链接，实现金融资产的数字化过程。简而言之，在目前的技术条件下，要解决硬链接难题，实现金融资产数字化过程，仍需借助中心化的手段，以充分的信用做背书。信用背书的程度决定了数字资产的可信程度，充分的信用背书也是实现数字资产管理的前提。

（三）金融监管要求金融资产数字化管理架构须加入中心化元素

金融监管以维护金融体系安全为目标，其目的是弥补金融市场自身的不足，提高资源配置的效率。金融机构的财务杠杆比一般企业高得多，可能导致金融机构和实体企业间的利益分配严重不均衡，而市场自身又无法进行有效调节和解决。同时，过度的竞争会导致金融体系的不稳定，且金融领域存在比其他经济领域更严重的负外部性，金融机构的破产及其连锁效应会通过货币信用紧缩破坏经济增长和发展，金融危机的传染性也说明了单个金融机构的危机会引起集体非理性，导致金融系统的崩溃。因此，需要金融监管力量的介入来约束金融机构的行为，降低金融活动的负外部性影响，提供公平的竞争环境，维护金融体系的整体稳定。

金融监管如此重要，若数字化金融资产权利转移管理采用公有链架构的完全去中心化模式，监管机构将难以干预已经形成的金融资产权利转移过程，无法实现有效监管。因此，必须在金融资产数字化管理的体系架构中加入中心化元素，满足金融监管的需求，实现监管机构在必要时对数字化金融资产权利转移的直接介入和干预。而联合（行业）区块链系统同时具有中心化和去中心化元素，本质是多中心、弱中心的架构，可以成为区块链技术在金融业落地应用的主要模式。

三、区块链金融资产管理方面应用的可能场景

能够应用区块链技术的场景大致有两类：一是已有中心或中介的场景，但是希

望去中心的；二是由于各种原因暂无中心的场景。

（一）已有中心的场景，区块链难以落地

如政府和监管部门、银行等传统金融中介、支付宝、微信、京东、滴滴等第三方中介属于已有中心的场景。由于中心化应用体系由来已久，其理论、架构、设计等方面已非常完善并且成熟，由 IT 流水线生产的中心化系统，在功能、输出、处理能力等方面，无论应用在金融或非金融场景，都远超现有的区块链技术。但中心化系统无法提供绝对的隐私和匿名，而区块链是唯一有可能提供隐私和匿名的技术，因此在已有中心的金融场景下，区块链可能被应用于隐私性和匿名性要求远超其他方面的应用，如黑市交易和洗钱等。然而在现有技术条件下，功能、输出、处理能力等方面仍是区块链系统的瓶颈，在区块链核心技术或硬件性能获得较大发展之前，在已有中心的场景下，区块链应用难以落地。

（二）暂无中心的场景，有可能应用区块链技术

暂无中心又具有投资价值的场景在公众领域相当稀少。经过多年的互联网热潮，能够产生中介并从中获取收益的领域，基本上都已被第三方占据。因此，在公众领域几乎没有能够使用区块链且还没有中心化竞争对手的场景。只有在新出现且尚未衍生出中介的公众领域，或非公众领域，才有区块链技术生存和发展的空间。在一个频发的、多方参与的场景下，如果多方存在利益冲突，有信任问题，且没有中介，就可以考虑使用区块链技术。

（三）具体场景分析

一是个人持有的多张信用卡之间的积分兑换。信用卡积分可以视作某种形式的发卡行对持卡人的负债，持卡人有将积分兑换使用和统筹管理的需求。但由于各发卡行之间相互竞争，存在利益冲突，且无法相互信任，因此难以在积分兑换上达成合作。发卡行之间想要寻求共同信任的中介机构，只能选择监管机构或者银联，但公众对积分兑换的需求或该业务的收益又不足以使上述机构为此专门开发一套中心化的处理系统。而若应用区块链技术，则以价值相对较低的信用卡积分作为交易标的，发卡行的信用足以支撑和解决硬链接难题。同时，系统在功能、输出、处理能力等方面没有较高的要求，联合（行业）区块链的多中心架构恰好可以满足多家发卡行平权的实际要求。因此，区块链技术可以作为实现信用卡积分兑换的较优选择。

二是信贷资产证券化产品发行过程。该过程涉及资产方、资金方、SPV、律师事务所、会计师事务所、管理人等众多参与主体，各参与主体之间存在信息不对称、

利益冲突以及信任问题。同时，参与主体间利益协调多为两两沟通，不存在统一的中介机构，使得发行效率相对低下。信贷 ABS 产品发行过程可以尝试采用区块链技术，但仍需要解决硬链接难题。且产品发行过程的利益相关方都不具有足够的信用以去中心化方式实现硬链接，仍需由监管机构牵头尝试。

从区块链的落地实践来看，与中心化系统相比，去中心化系统本身并没有天然的优势，场景的实际需求和业务特征决定了系统底层使用中心化还是去中心化的技术架构。在很多金融场景中，已有的中心化系统远比去中心化的模式效率更高、安全性更强。即使区块链技术能够成功，要深入经济金融基础设施中，仍然要经过艰苦的努力与实践。

四、政策建议

一是建议对研发自主可控区块链形成共识，对区块链技术发展统筹布局，理论研究和应用研发并重。区块链技术研究尚处于起步阶段，多项关键技术仍有待突破，应加大金融领域区块链技术的研发，同时要加强产学研用多方合作，增加区块链应用落地方面的队伍锻炼和经验积累。

二是建议以某些非核心业务场景为基础，开展区块链应用落地试验，进而推动区块链应用在金融行业的实用化。例如，推动发卡行联合建设信用卡积分兑换的区块链应用，或由人民银行牵头，试点建设信贷资产证券化产品发行过程的区块链应用等。

三是在各类区块链应用试点的基础上，总结经验，制定标准，实现区块链金融应用的标准化。同时要加强区块链金融应用的评测和管理，防止区块链在金融领域的乱用和滥用，避免因此出现系统性金融风险。

四是高度重视区块链应用可能出现的金融风险。在区块链金融模式运行下，频繁进行的点对点数据交易，必然带来海量金融数据信息需要进行网状式处理，金融机构就需要适时调整传统风险控制模式，在风险管控、数据处理、信息监督等方面进行变革，以此防范可能出现的金融风险。

五是推动互联网特色服务模式的开展。区块链技术的有效应用应当以安全性为基本要求，围绕互联网的真实性、准确性与金融机构相互结合打造特色化服务项目，实现时间速度、智能合约等项目的有力契合。

六是完善区块链法律法规，防止伪造、篡改数据信息的行为发生。在区块链技术成熟以前，坚持金融资产管理中心化，严厉打击数据信息的伪造、篡改行为，保证金融资产数据化安全运行，防范金融风险发生。

七是强化大数据应用，实现信息实时处理。区块链的去中心化技术特点会使大数据技术应用的重点和方向发生重大改变。金融机构目前依然是以传统的数据应用为主，对数据实时分析、流式分析的应用不足。区块链技术应向实时信息处理、流式数据分析方式，以及互联网数据分析方法上进行转变，以实现大数据应用上的实时信息处理。

参考文献

［1］黄秀敏．区块链技术对我国金融业发展的影响研究［J］．企业改革与管理，2019（5）：121－122.

［2］韩璇，袁勇，王飞跃．区块链安全问题：研究现状与展望［J］．自动化学报，2019，45（1）：206－225.

［3］黄怡佳．区块链金融：结构分析与前景展望［J］．环渤海经济瞭望，2018（1）：186.

［4］朱兴雄，何清素，郭善琪．区块链技术在供应链金融中的应用［J］．中国流通经济，2018，32（3）：111－119.

［5］张荣．区块链金融：结构分析与前景展望［J］．南方金融，2017（2）：57－63.

［6］董培．区块链技术在金融业发展现状与前景展望［J］．山西农经，2017（9）：80－82.

［7］王硕．区块链技术在金融领域的研究现状及创新趋势分析［J］．上海金融，2016（2）：26－29.

区块链技术在保险领域的应用、风险及建议

张毅峰[①]

摘要：金融科技的快速发展，使区块链技术和分布式账本从理论走向现实，使得保险业与区块链紧密结合的深度与广度将得到进一步延伸，区块链以其独特和难以替代的优势，与互联网和大数据一起，将成为保险创新的根本动力和解决保险商业模式创新"最后一公里"的利器。其必要性、可行性和安全性也正在接受着市场的检验。本文简要介绍了区块链技术在保险领域的应用，分析了区块链技术在保险领域面临的风险与挑战，提出了对策建议。

关键词：区块链技术　保险领域　应用　风险　建议

一、区块链技术在保险领域的应用现状

（一）打造了保险互联互通新格局

保险公司利用区块链技术横向打通保险行业内部，纵向打通保险行业上下游产业链，打破各机构间的信息数据壁垒，实现资源联动整合，推动行业可持续发展。人工智能和区块链等技术已经介入保险的核心业务流程，覆盖包括产品设计、售前、承保，理赔、售后服务，直至营销、风控等环节，成为保险行业竞争的焦点。《搜狐网》刊文称，泰康在线搭建基于 Fabric 区块链技术的"反飞蛾"联盟平台，并与大特保、泛华等进行了数据同步和数据共享等一系列操作，在数据共享的基础上，根据智能合约，界定用户在投保时是否具有投保资格和可购买保单金额，既保护了

---

① 作者简介：张毅峰，现就读于东北农业大学经济管理学院。

用户隐私，又能从源头上杜绝一系列欺诈行为的发生。此外，保险公司借助区块链金融的思想，在农业或工业领域中挖掘保险需求，建立互联网保险模式，同时利用区块链技术整合供应链上下游资源，保障数据的透明性、安全性和可靠性，降低互联网保险的风险，创造新的盈利模式。

（二）重塑了保险信用保障的基础

区块链技术应用场景的不断丰富，助力全行业构建基于客观算法的信用机制和安全体系，升级保险业信用基础设施，推动普惠金融的发展。区块链技术针对保险资产管理中存在的存续期不透明、合同信息造假的业务相关参与方信息不对称等问题，通过将产品底层信息和交易信息"上链"，提高了交易链条各方机构对底层资产的信任程度。一是区块链技术运用到保险全产业链的健康险产品上。中再产险、华泰保险、轻松筹共同签署区块链技术合作协议，对外发布全产业链区块链保险产品，将区块链底层技术运用到保险全产业链的健康险产品中，利用区块链不可篡改的特性，提高保险的公信力，让更多人能够清晰地看到保险资金的流向；中国人保财险利用区块链技术，探索养殖保险"标的唯一性"管理新模式，通过构建基于区块链的养殖业溯源体系，实现风险管理"标的唯一性"，以养殖体系的数字化改造实现保险行业风险管理效率的提升。二是区块链技术有效地加强了风险管理。区块链技术可以将保险核心系统部署在云端，实现健康险保单、计费、客户及理赔信息的区块链分布式安全存储，利用区块链共识机制重构信用，保证数据传输和访问过程的安全。此外，区块链的共识机制等技术为相互保险提供了后信任保障体系，相互保险以区块链的分布式自治组织为应用基础，一旦有人出险，系统自动根据情况进行分摊和结算，所有过程由系统自动完成，不需要第三方的信用担保。将区块链技术应用于保险领域，有效地加强了风险管理。利用区块链技术，将数据引入并存储在区块链上，将成为伴随每一个人的数字身份，这上面的数据真实可信，无法篡改，实时同步，终身有效，对于风险管理带来莫大的益处。保险公司利用区块链网络中数据具有真实性、透明性和防篡改等特点，识别理赔风险，降低索赔欺诈的概率，从事前预警承保风险、事中监管风险、事后防范欺诈风险，加强保险全过程管理，从而减少运营成本，提升运营效率。

二、区块链技术在保险领域面临的风险与挑战

（一）交易信息透明化，隐私安全难以保证

未来，区块链要适应保险行业大规模商用，需要解决安全隐私保障技术难题。

区块链技术是将交易记录在全网广播，以保证其不可篡改，但全网广播的方式也增加了信息泄密的可能性。金融业务重视隐私保护，在现行共识机制下，部分敏感信息透明可见，缺乏隐私性。随着网络信息安全受到越来越多的关注，区块链技术也必须通过在保险领域应用信息安全这一道考验。从目前来看，区块链的应用保障信息以及在交易与传播过程中的安全性仍需等待更多时间和更多实践的检验。此外，需要解决区块链应用的风险问题，例如技术创新本身带来的业务风险，以及如何在保护数据隐私的前提下打破数据信息孤岛。由于区块链技术尚处于开发阶段，还未成熟，还没有完全解决客户端安全、应用安全等安全性问题。区块链技术本身不产生数据，主要运用于数据的可信传递，而移动应用及物联网的不断推进，将带来越来越多透明化处理大规模分散的敏感数据的需求，给信息安全带来挑战。

（二）缺乏行业标准，难以进行有效监督

保险业区块链应用需关注顶层设计问题。缺少相应的行业标准和制度规范也是进一步提升行业应用区块链技术水平所面临的一道障碍。区块链技术不仅给保险监管带来全新的方法和工具，也将改变监管环境，带来新挑战。由于得不到有效监督，上链前数据的真实性和完整性无法保证，在将区块链技术用于各类资产溯源时，难以真正形成闭环以降低风险、减少投机，反而可能会因信息失真或扭曲而造成潜在损失。此外，监管过程中会出现主体不明确、法律监管不明确，造成利益受损方无法维权，以区块链为底层技术的保险业务的跨界也将给监管带来挑战。

（三）技术不成熟，规模化发展存在困难

区块链技术在可伸缩性、安全性、标准化方面都存在局限性，保险公司在采取具体措施之前，必须深入了解。同时，还应认真研究区块链技术所依赖的网络效应和具体的监管条件，区块链技术尚处于开发阶段，还未成熟，还没有完全解决客户端安全、应用安全等安全性问题，多行业的规模化发展还有很长的一段路要走。就现状而言，区块链技术的交易速度还比较慢，难以处理复杂执行逻辑的应用场景，容量和效率尚不能满足大规模运用的要求。此外，用于隐私保护的密码学新技术尚不成熟，如组合环签名、零知识证明、同态加密等容易形成数据膨胀、性能低下等问题，距离实际应用还有一段距离。

（四）过度依赖密钥安全，丢失风险难以补救

密钥安全是区块链可信的基石，窃取或删除私钥等会危害相关资产或数据所有者的权益。同时，私钥唯一性使得其丢失、被窃等情况难以补救。高度安全的私钥

体系，也伴随着一旦丢失永远消失的风险。此外，区块链智能合约存在不确定性，图灵完备的智能合约过于灵活，一旦有漏洞被利用，将会造成不可挽回的损失。同时，区块链防篡改特性将对业务逻辑修正、合约升级形成一定的障碍。

三、对策建议

（一）完善法规及监管等外部环境，奠定应用和发展基础

一方面，要将区块链作为一种核心和底层技术，纳入我国保险业信息技术发展的总体规划，为区块链技术的应用和发展奠定基础；另一方面，需为区块链型保险的发展营造环境，留出空间，提供支持。同时，区块链技术不仅给保险监管带来全新的方法和工具，也将改变监管环境，带来新挑战，尽快制定比较清晰、明确的行业标准，将区块链技术纳入现有监管信息平台，建立全世界区块链技术标准和政策指引。此外，我国保险业的区块链技术应用需高度关注顶层设计问题，譬如将区块链作为一种核心和底层技术，纳入保险业信息技术发展的总体规划。值得关注的是，目前，关于区块链技术在保险行业应用方面的法律法规尚处于空白阶段，跨界监管同样存在难度，还需要完善监管体系，提高监管水平。

（二）加强产品和服务创新，深化区块链技术与保险业务融合

未来，我国保险行业将继续突破区块链底层技术，包括合约引擎、合约语言、共识算法账本结构、隐私协议、计算模型等，解决区块链扩展、安全、中心化等问题；同时加强区块链与云计算的结合，一方面深入探索垂直领域的区块链 SaaS 包含链的自动化部署、节点管理、节点动态添加、链监控运维等；另一方面以中间件的形式对传统云计算微服务架构进行补充，增加其不可篡改、多中心、自证清白、自带审计等特性。此外，保险行业加速推动区块链技术发展，还需加大资金支持，完善技术，包括业外引入，密切关注区块链技术在金融领域研究与创新的最新动向，加强人才储备，以深化区块链技术与保险的融合；从客户角度出发，开发更多适宜的应用场景，更好地为保险业务服务，推动产品创新和服务创新，满足多方需求，提升我国保险行业竞争力。

（三）加强保险行业合作，通过区块链实现反欺诈

区块链技术的引入需要保险公司之间的大力合作方能实现。由于区块链可为保险人和被保险人保留可用于理赔的永久性记录，反欺诈成为区块链的应用方向之一。

这种永久性记录在防范保险欺诈以外的领域也大有用武之地，能使理赔变得自动化和高效。目前已有公司在财产保险和意外伤害保险领域进行相关试验，区块链技术能使各保险公司更好地合作对抗保险欺诈。在分布式账本上，保险公司可将交易永久记录，并通过严格控制访问权限来保证其安全性。而将索赔信息记录存储到分布式共享总账上，有助于加强各保险公司合作，识别出整个保险体系中可疑的欺诈行为。在面对区块链技术的"不可能三角"时，结合区块链技术在保险行业的应用场景，使区块链技术的"去中心化""安全性"以及"环保"达到场景应用的最优化。因为保险行业的特殊性，更应该把安全性放在首位，需要将去中心化与环保问题尽可能做到最优。

参考文献

［1］黄蕾．保险区块链应用技术标准制定工作正式启动［N］．中国证券报，2019－12－27．

［2］王舒畅．区块链在保险行业的应用现状与展望［J］．时代金融，2018（27）．

［3］柳立．完善区块链在保险行业的应用［N］．金融时报，2018－09－03．

商业银行智能投顾资产配置有效性的实证研究

刘洁璇　周　兴　黄礼健①

摘要： 智能投顾作为人工智能在资产管理领域的应用，近年来发展迅速。本文基于投资收益的风格分析法，通过构建多因子回归分析模型，对国内商业银行智能投顾典型产品的资产配置有效性进行了动态分析与研究。研究表明，商业银行智能投顾在投资过程中能够进行合理的资产配置，及时主动地调整各类资产的仓位，有效应对市场变化，增厚投资者收益，降低投资风险，但产品表现分化，行业发展参差不齐，仍有很大改进空间。最后，本文对商业银行发展智能投顾业务提出建议。

关键词： 智能投顾　资产管理　资产配置　商业银行

一、研究背景

（一）智能投顾的概念与国外发展

智能投顾（robo – advisor），也称为机器人投顾，是金融机构根据投资者的风险承受水平、预期收益目标以及风格偏好等要求，运用大数据分析、量化金融模型以及智能化算法等，对市场数据进行及时高效的分析处理，为客户提供智能化、自动化的投资建议服务。简单地说，智能投顾就是运用人工智能技术开展投资顾问业务。

智能投顾作为人工智能在资产管理领域的探索与应用，起源于 2008 年处于金融危机中的美国。近年来，这一新兴投资模式凭借低成本、高效率、个性化和理性化

---

① 作者简介：刘洁璇、黄礼健现供职于交通银行北京市分行；周兴，现供职于广发基金管理有限公司。文章只代表作者本人观点，不代表所在单位意见。

等优势，在美国快速发展。根据德国 Statista 公司分析，2019 年美国智能投顾所管理的资产达到 7 497.03 亿美元，预计 2019—2023 年管理资产的复合增长率为 18.7%，到 2023 年将达到 14 862.57 亿美元。从竞争格局看，美国当前排名前列的智能投顾公司既有凭借技术、差异化及开放合作等优势先行发展的新兴公司，如智能投顾鼻祖 Betterment、Wealthfront 等；也有凭借客户、产品等优势后来居上的传统金融机构，如先锋基金（Vanguard）和嘉信理财（Schwab Intelligent Portfolios）等。

（二）国内智能投顾的发展及存在的问题

我国智能投顾起步相对较晚，2015 年才逐步建立起来。当前国内行业格局与美国相类似，一是传统金融机构，以商业银行为代表，利用强大的客户和产品资源优势推进智能投顾发展，如工商银行的"AI 投"、招商银行的"摩羯智投"、中国银行的"中银慧投"等；二是新兴金融公司，以互联网公司为代表，具有强大的流量、技术实力和业务理解等优势，积极推进智能投顾业务发展，如蚂蚁金服的"蚂蚁聚宝"、京东集团的"京东智投"等。从业务角度看，国内智能投顾产品主要应用于基金投资，通过配置不同种类的基金，实现客户股票、债券、大宗商品等各大类资产的配置。

经过几年应用初期，我国智能投顾取得一定发展，但仍存在不少问题值得关注。一是由于业务发展时间较短，算法模型缺乏大规模、长时间的有效性校验，同时各机构在智能投顾算法方面有较大的差别，导致最终表现也千差万别，增加了客户的选择难度。二是智能投顾投资标的主要集中于境内基金或多头资产，投资范围、资产类别、交易机制受限，使得智能投顾未能充分体现其优势。三是 2018 年出台的《关于规范金融机构资产管理业务的指导意见》，对智能投顾业务准入资质和业务开展的规则做了总体要求，但监管规制仍有待进一步细化，业务发展存在一定的政策风险。总体来看，受制于以上因素，我国智能投顾发展整体处于应用初期，市场对智能投顾业务信任度不高。然而，随着居民财富不断增长，理财观念日趋成熟和投资目标多样化，我国智能投顾业务具有巨大的市场需求和广阔的发展前景。

（三）本文研究主旨

国内学者大多从理论角度分析智能投顾的意义、发展优势，存在障碍与对策等，部分学者从监管角度提出一系列的对策与建议，个别学者从实证角度分析智能投顾产品，但只是案例分析和简单的统计分析，尚未发现通过建模论证智能投顾有效性的相关研究。基于此，本文立足于商业银行及相关业务数据，通过构建多因子回归分析模型，对智能投顾产品核心能力之一的资产配置能力进行动态分析，验证商业银行智能投顾能否进行大类资产的合理配置及及时有效地调整，能否进行权益资产细分配置并赚取超额收益。在此基础上，提出商业银行智能投顾业务发展的意见或建议，以期促进我国智能投顾的发展。

二、样本与模型

（一）样本

1. 样本选取

从风险等级角度，国内银行智能投顾产品主要根据风险等级分类，例如工商银行智能投顾产品按风险等级和投资期限分成3大类，累计27种组合，其中高风险组合波动大，不同策略对收益影响更大。从银行角度，国有五大行中工商银行总市值近2万亿元，规模大，客户群体广；股份行中招商银行总市值近9 000亿元，个人金融业务规模大。

从上述两个角度权衡考虑，本文将主要研究对象选定为工商银行和招商银行的高风险智能投顾产品——工银股混、摩羯智投进取和金葵花进取。这三个产品主要投资标的都是公募基金，并且根据每日涨跌幅编制出了相应的指数，因此本文选取对应三个指数数据进行分析。

2. 样本时间

一方面，在2016年以前，我国商业银行智能投顾仍处于准备和酝酿期，客户群体和运作经验有限。另一方面，样本时间段需要包含下跌、上涨和震荡等多种行情。考虑到2016年股市由熊市转震荡市，2017年是小牛市，2018年整体是熊市，2016—2018年包含了多种行情，因此本文选取最近3个完整年度——2016年初到2018年末工银股混、摩羯智投进取和金葵花进取产品的走势，进行分析研究。

据此，工银股混和金葵花进取的样本时间是从2016年1月1日到2018年12月31日，累计731个交易日数据。摩羯智投进取成立于2016年12月，样本时间从2017年1月1日到2018年12月31日，累计487个交易日数据。

（二）模型与变量

1. 模型选择

研究智能投顾在大类资产和权益风格的配置效率，分类识别大类资产和权益风格是关键。传统分析方法有两种，分别是基于投资组合和基于投资收益的方法。

基于投资组合（PBSA）的方法，是根据定期报告公布的实际持仓情况进行分析。但是根据我国现行的法律法规，基金的季度报告不需要披露完整持仓，披露完整信息的年度报告只需在上年末起 90 个工作日内披露即可。由于无法获取完整、及时的信息，使得投资风格难以准确分析。

基于投资收益的风格分析（RBSA）方法，则是将特定市场风格指数的收益率与投资组合本身收益率进行回归分析，从而推断投资风格。Sharpe 多因子模型，是该方法的典型代表。

$$R_t^m = \alpha + \sum_{i=1}^{l} \beta^i R_t^i + \epsilon_t$$

$$\sum_{i=1}^{l} \beta_i = 1 \, ; \, \beta_i > 0 \, \forall \, i$$

其中，R_t^m 是投资组合 m 在 t 时刻的收益率时间序列，R_t^i 是不同市场风格指数在 t 时刻的收益率时间序列，β_i 是投资组合 m 对不同风格资产的投资份额，即市场风格指数的敏感度，α 是反映管理人凭借能力取得的超额收益的截距项，ϵ_t 是残差项。约束条件说明市场风格指数对投资组合所持有的证券类别是完备的，投资组合不能做空，不持有反向头寸。

考虑到数据的时效性和完备性，本文选取基于投资收益的分析方法。

2. 变量确定

在市场指数选取上，需要兼顾理论性和实用性。（1）理论基础上，变量需要互斥（不同的市场指数中不包含重复的证券）和完备（所有市场指数中需包含各种证券）；（2）实际应用上，由于智能投顾客户通常专业性有限，用动量、流动性、盈利、成长、杠杆、波动率、非线性市值等因素解释，客户普遍难以理解；（3）如果解释变量过多，容易形成严重的共线问题。因此，分类不能太过复杂，简单易懂为宜。

在大类资产上，货币和债券型基金作为低风险品种，在当前各类基金中的占比最高超过 80%；混合和股票型基金作为中高风险品种，占比适中约 17%；另类和 QDII 型基金占比很低不足 1%。因此，我们将大类资产分为权益类资产和固定收益类资产，其余资产因占比低忽略不计。

在固定收益类资产中，中证全债指数极具代表性，本文选取它作为解释变量。在权益类资产中，基于市值和价值成长性两个维度，考察各指数的相关性（见表 1）。其中，沪深 300 指数与大盘和价值指数相关性较高，可以较好地反映大盘和价值股，中证 500 指数与中盘、小盘和成长指数相关性较高，可以较好地反映中小盘和成长股。因此，在权益类资产上分别选取沪深 300 和中证 500 指数作为解释变量。

表1　　　　　　　　　　　市场风格指数的相关性

指数代码 指数简称	申万大盘 801811	申万中盘 801812	申万小盘 801813	国证价值 399371	国证成长 399370
沪深300	0.991	0.471	− 0.014	0.988	0.614
中证500	0.269	0.992	0.908	0.291	0.953
中证全债	− 0.045	− 0.765	− 0.791	− 0.051	− 0.730

资料来源：Wind，时间：2015/12/31—2018/12/31。

综上所述，本文选取金葵花进取（JKHJQ）、摩羯智投进取（MJJQ）和工银股混指数（GYGH）分别作为被解释变量，选取沪深300（HS300）、中证500（ZZ500）、中证全债指数（ZZQZ）作为解释变量（见表2）。

表2　　　　　　　　　　　模型涉及变量汇总表

JKHJQ	被解释变量	招商银行——金葵花进取指数每日涨跌幅
MJJQ	被解释变量	招商银行——摩羯智投进取指数每日涨跌幅
GYGH	被解释变量	工商银行——工银股混指数每日涨跌幅
HS300	解释变量	沪深300指数每日涨跌幅，反映大盘—价值类权益资产的表现
ZZ500	解释变量	中证500指数每日涨跌幅，反映中小盘—成长类权益资产的表现
ZZQZ	解释变量	中证全债指数每日涨跌幅，反映固定收益资产的表现

3. 模型设定

根据投资收益分析方法，首先约定智能投顾产品充分利用资金，即将全部资金都投资于沪深300、中证500和中证全债类资产，并且不加杠杆、不做空，则智能投顾产品在以上三类资产的投资份额（或仓位）β_1、β_2、β_3，满足：

$$\beta_1 + \beta_2 + \beta_3 = 1 \text{ 且 } \beta_1, \beta_2, \beta_3 > 0$$

其次，智能投顾产品为获取更高收益，需要根据各类资产收益变化情况不断地调整不同资产的投资份额。从最佳配置看，某类资产投资收益率越高，智能投顾产品应该在该类资产上的投资份额越大。换句话说，智能投顾产品能够在某类资产收益高时增加其份额，表明智能投顾产品赚取了一定的超额收益，则资产配置效率相对高。根据这一思路，本文以各种智能投顾产品在不同资产上所配置的平均仓位$\overline{\beta_i}$作为基准，用不同时间仓位与平均仓位$\overline{\beta_i}$的差值，再乘以所对应资产收益率，计算得到超额收益，用以衡量各类资产配置效率。

综上所述，本文建立以下回归分析模型，用以衡量智能投顾产品资产配置效率：

$$y^i = \alpha^i + \beta_1^i \times HS300^i + \beta_2^i \times ZZ500^i + \beta_3^i \times ZZQZ^i$$

$$\beta_1^i + \beta_2^i + \beta_3^i = 1 \text{ 且 } \beta_1^i, \beta_2^i, \beta_3^i > 0$$

$$R_1^i = (\beta_1^i - \overline{\beta_1}) \times HS300^i$$

$$R_2^i = (\beta_2^i - \overline{\beta_2}) \times ZZ500^i$$

$$R_3^i = \left(\beta_3^i - \overline{\beta_3} \right) \times ZZQZ^i$$

$$R_{12}^i = R_1^i + R_2^i$$

$$R_{123}^i = R_1^i + R_2^i + R_3^i$$

需解释的是：

（1）第一个式子为 Sharpe 多因子模型。为测算智能投顾产品资产配置情况，本文按照月度对数据分组进行回归分析，测算每一个被解释变量在每个月投资风格变化情况。其中，y^i 代表每个月的被解释变量，即代表工银股混、摩羯智投进取、金葵花进取每个月的收益率，β_1^i、β_2^i、β_3^i 分别表示每个月各类资产的配置份额。

（2）第二个式子为本文设定的 2 个约束条件。

（3）第三至第五个式子表示资产配置形成的超额收益。其中，R_1^i 表示每个月智能投顾产品在沪深 300，即权益—大盘价值类资产上取得的超额收益；R_2^i 表示每个月智能投顾产品在中证 500，即权益—中小盘成长类资产上取得的超额收益；R_3^i 表示每个月智能投顾产品在中证全债，即固定收益类资产上取得的超额收益。$\overline{\beta_1}$、$\overline{\beta_2}$、$\overline{\beta_3}$ 分别表示 β_1^i、β_2^i、β_3^i 的平均值。

（4）第六个式子中的 R_{12}^i 表示智能投顾产品在权益类资产上取得的超额收益；第七个式子中的 R_{123}^i 表示在全部资产上取得的超额收益。

三、计算与分析

（一）变量描述性统计

从被解释变量看，在样本期间摩羯智投进取日涨跌幅均值最高，表现最好；金葵花进取次之，工银股混最低；工银股混日涨跌幅波动最低，金葵花进取次之，摩羯智投进取最低。从解释变量看，在样本期间中证全债日涨跌幅均值最高，沪深 300 次之，中证 500 最低；中证 500 日涨跌波动最高，沪深 300 次之，中证全债最低（见表3）。

表3　　　　　　　　　　各变量描述性统计表

指标	JKHJQ	MJJQ	GYGH	HS300	ZZ500	ZZQZ
最大值	2.6221	1.3710	3.9493	4.3167	5.1065	0.6692
最小值	− 4.0923	− 2.1162	− 7.4623	− 7.0206	− 8.5395	− 0.7294
平均值	− 0.0082	0.0104	− 0.0271	− 0.0223	− 0.0709	0.0139
中位数	0.0335	0.0119	0.0222	0.0350	0.0538	0.0167
标准差	0.7482	0.4264	1.2834	1.1826	1.5079	0.0772
样本数	731	487	731	731	731	731

在相关性方面，摩羯智投进取、金葵花进取、工银股混、沪深300、中证500的相关性高，这说明各类智能投顾产品均配置数量不等的权益类资产，但由于权益类资产波动明显高于固定收益类资产，导致它们与中证全债的相关性低（见表4）。

表4　　　　　　　　　　　　　各变量相关性矩阵表

样本	JKHJQ	MJJQ	GYGH	HS300	ZZ500	ZZQZ
JKHJQ	1					
MJJQ	0.8791 * (0.0000)	1				
GYGH	0.9607 * (0.0000)	0.9091 * (0.0000)	1			
HS300	0.9013 * (0.0000)	0.8449 * (0.0000)	0.9039 * (0.0000)	1		
ZZ500	0.9133 * (0.0000)	0.8375 * (0.0000)	0.9365 * (0.0000)	0.8561 * (0.0000)	1	
ZZQZ	0.0034 (0.9278)	−0.0457 (0.3147)	−0.0022 (0.9531)	0.0053 (0.8859)	0.0058 (0.8756)	1

注：* 表示通过显著性水平 $\alpha = 0.05$ 的 t 检验。

（二）金葵花进取资产配置效率分析

运用前文模型对金葵花进取产品的资产配置与超额收益情况进行测算，模型拟合度总体较好（见表5、图1和图2），并有如下表现。

表5　　　　　　　　　　金葵花进取产品资产配置测算描述性统计

指标	β_1	β_2	β_3	R_1	R_2	R_3	R_{12}	R_{123}
最大值	0.5768	0.6525	0.6593	5.08%	3.05%	0.11%	2.18%	2.16%
最小值	0.0000	0.0219	0.2673	−2.78%	−4.70%	−0.16%	−1.44%	−1.43%
平均值	0.2416	0.2987	0.4599	0.18%	−0.19%	−0.01%	−0.01%	−0.02%
中位数	0.2479	0.3228	0.4564	0.04%	−0.08%	−0.01%	−0.04%	−0.02%
标准差	0.1572	0.1367	0.0920	1.16%	1.09%	0.05%	0.58%	0.58%
样本数	36	36	36	36	36	36	36	36

1. 从整体看，样本期间金葵花进取产品在大类资产配置上基本相当，其中在固定收益类资产的配置比例平均为46%，在权益类资产的配置比例平均为54%。在权益类资产中，金葵花进取产品在大盘—价值类权益资产的配置比例平均为24%；在中小盘—成长类权益资产的配置比例相对较高，平均为30%。

2. 分年度看，在2016年和2018年股市熊市期间，金葵花进取产品高配了权益

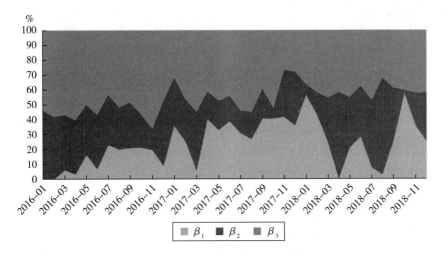

图1　金葵花进取产品资产配置测算结果

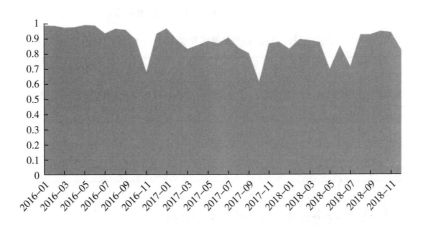

图2　金葵花进取产品模型拟合度 R^2 测算情况

类资产，特别是中小盘—成长类权益资产，导致整体表现欠佳。在2017年股市牛市期间，虽然金葵花进取产品低配了权益类资产，但通过高配大盘—价值类权益资产，最终取得了较好的表现。

3. 分月度看，样本期间金葵花进取产品在权益类资产配置比例总体攀升，其中在大盘—价值类权益资产的配置比例整体增加，但在中小盘—成长类权益资产的配置比例呈现大幅波动。相应地，金葵花进取产品固定收益类资产的配置比例呈现总体下降。

4. 从资产配置超额收益看，金葵花进取产品在权益类资产配置方面，产生的月均超额收益为 -0.01%，且收益波动较大，因此配置效率较差；在全部资产配置有效性方面，产生的月均超额收益为 -0.02%，且收益波动较大，因此配置效率较差

（见图3和表6）。

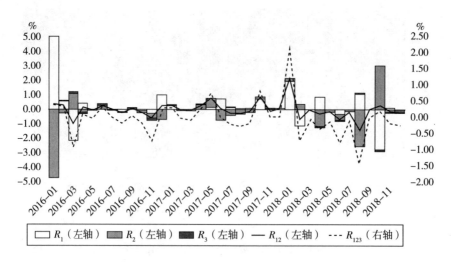

图3　金葵花进取产品资产配置超额收益率测算

表6　　　　　　　　　金葵花进取产品资产配置测算结果——年度平均值

年份	β_1	β_2	β_3	R_1	R_2	R_3	R_{12}	R_{123}
2016	0.1222	0.3384	0.5394	0.37%	−0.42%	0.00%	−0.05%	−0.04%
2017	0.3299	0.2382	0.4325	0.18%	−0.06%	0.00%	0.12%	0.12%
2018	0.2727	0.3196	0.4077	−0.02%	−0.08%	−0.03%	−0.11%	−0.13%
整体	0.2416	0.2987	0.4599	0.18%	−0.19%	−0.01%	−0.01%	−0.02%

（三）摩羯智投进取的资产配置效率分析

运用前文模型对摩羯智投进取产品的资产配置情况进行测算，模型拟合度总体较好（见表7、图4和图5），并有如下表现。

表7　　　　　　　　摩羯智投进取产品资产配置测算结果描述性统计

指标	β_1	β_2	β_3	R_1	R_2	R_3	R_{12}	R_{123}
最大值	0.5113	0.4345	0.7319	0.70%	0.95%	0.15%	0.95%	1.06%
最小值	0.0007	0.0489	0.4165	−1.07%	−0.33%	−0.15%	−1.03%	−1.18%
平均值	0.2204	0.1733	0.6063	0.03%	0.08%	0.02%	0.11%	0.13%
中位数	0.2218	0.1571	0.6378	0.00%	0.02%	0.01%	0.06%	0.11%
标准差	0.1198	0.1035	0.0947	0.35%	0.32%	0.07%	0.43%	0.46%
样本数	24	24	24	24	24	24	24	24

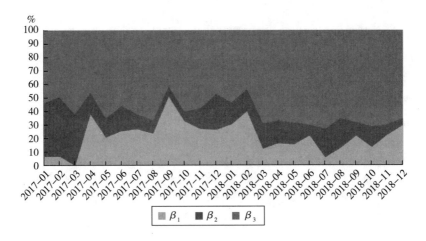

图4 摩羯智投进取资产配置测算情况

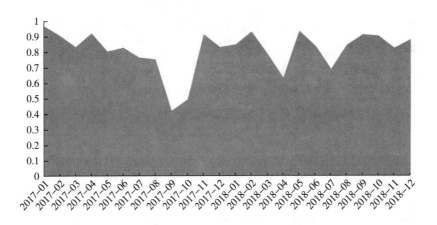

图5 摩羯智投进取产品模型拟合度 R^2 测算情况

1. 从整体看，样本期间摩羯智投进取产品在大类资产配置上高配固定收益率资产，配置比例平均为61%，而低配权益类资产，配置比例平均为39%。这一大类资产配置符合相应资产收益率情况，使得摩羯智投进取产品在样本期间收益较高且相对稳定，符合前文统计性描述。在权益类资产配置中，摩羯智投进取在大盘—价值类权益资产的配置比例相对较高，平均为22%；在中小盘—成长类权益资产的配置比例平均为17%。

2. 分年度看，在2017年股市牛市期间，摩羯智投进取产品高配了权益资产，特别是超配了大盘—价值类权益资产，从而取得了较好的表现。在2018年股市熊市期间，摩羯智投进取产品及时减仓权益资产，延续了较好的表现。

3. 分月度看，样本期间摩羯智投进取产品在权益类资产的配置比例总体下降，其中在中小盘—成长类权益资产的配置比例明显下降，在大盘—价值类权益资产的配置比例呈现大幅波动。相应地，金葵花进取产品固定收益类资产的配置比例呈现总体上升。

4. 从资产配置超额收益看，摩羯智投进取产品在权益资产配置方面，产生的月均超额收益0.11%，配置效率较好；摩羯智投进取产品在全部资产配置方面，产生的月均超额收益0.13%，配置效率较好（见图6和表8）。

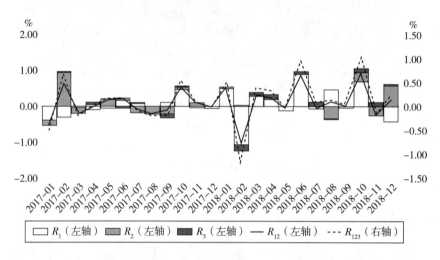

图6　摩羯智投进取资产配置超额收益率测算

表8　　　　　　摩羯智投进取资产配置测算结果——年度平均值

年份	β_1	β_2	β_3	R_1	R_2	R_3	R_{12}	R_{123}
2017	0.2381	0.2041	0.5578	0.01%	0.05%	−0.01%	0.06%	0.05%
2018	0.2026	0.1426	0.6548	0.05%	0.11%	0.04%	0.16%	0.20%
整体	0.2204	0.1733	0.6063	0.03%	0.08%	0.02%	0.11%	0.13%

（四）工银股混产品的资产配置效率分析

运用前文模型对工银股混产品的资产配置情况进行测算，模型拟合度总体较好（见表9、图7和图8），并有如下表现。

表9　　　　　　工银股混产品资产配置测算结果描述性统计

指标	β_1	β_2	β_3	R_1	R_2	R_3	R_{12}	R_{123}
最大值	0.8944	0.9028	0.3759	7.57%	5.69%	0.12%	3.65%	3.62%
最小值	0.0000	0.0000	0.0000	−4.26%	−10.50%	−0.20%	−2.93%	−2.94%
平均值	0.3599	0.5176	0.1225	−0.09%	0.10%	−0.01%	0.00%	−0.01%
中位数	0.3736	0.4801	0.1158	−0.05%	0.07%	0.00%	−0.03%	−0.02%
标准差	0.3111	0.2667	0.0974	1.96%	2.31%	0.07%	1.09%	1.10%
样本数	36	36	36	36	36	36	36	36

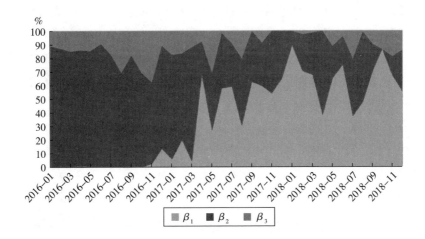

图7　工银股混产品资产配置测算情况

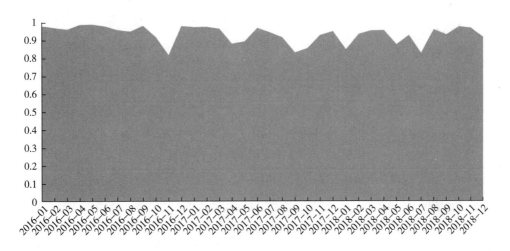

图8　工银股混产品模型拟合度 R^2 测算情况

1. 从整体看，样本期间工银股混产品在大类资产配置上低配固定收益类资产，配置比例平均仅为12%；而超配了权益类资产，配置比例平均高达88%。这一大类资产配置使得工银股混产品在样本期间收益波动大，符合前文统计性描述。在权益类资产配置中，工银股混产品在大盘—价值类权益资产的配置比例平均为36%；在中小盘—成长类权益资产的配置比例平均为52%。

2. 分年度看，在2016年股市熊市期间，工银股混产品超配了权益资产，特别是中小盘—成长类权益资产，导致当年表现欠佳。在2017年股市牛市期间，工银股混产品进一步加仓权益资产，特别是大幅加仓大盘—价值类权益资产，扭转颓势，表现回升。在2018年股市熊市期间，及时减仓权益资产，延续较好的表现。

3. 工银股混产品在权益资产配置方面，整体月均超额收益0.00%，配置效率一般。但在2017—2018年月均超额收益达到0.18%，说明权益资产配置效率主要受2016年拖累，后期有明显改善。

4. 工银股混产品在全部资产配置方面，产生的月均超额收益 –0.01%，配置效率较差。但在2017—2018年，月均超额收益0.16%，说明大类资产配置效率也是受2016年拖累，后期同样有明显改善（见图9和表10）。

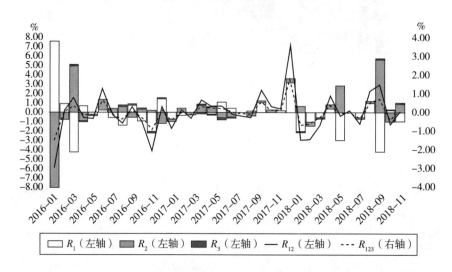

图9　工银股混产品资产配置超额收益率测算

表10　　　　　　　　工银股混产品资产配置测算结果——年度平均值

年份	β_1	β_2	β_3	R_1	R_2	R_3	R_{12}	R_{123}
2016	0.0138	0.8014	0.1848	0.18%	– 0.53%	0.01%	– 0.35%	– 0.34%
2017	0.4257	0.4713	0.1030	0.11%	0.03%	– 0.02%	0.14%	0.12%
2018	0.6401	0.2800	0.0799	– 0.58%	0.80%	– 0.02%	0.22%	0.20%
整体	0.3599	0.5176	0.1225	– 0.09%	0.10%	– 0.01%	0.00%	– 0.01%

四、结论与建议

（一）研究结论

前文根据投资收益分析方法，建立多因子回归分析模型，对市场上具有代表性的金葵花进取、摩羯智投进取和工银股混三个智能投顾产品的资产配置情况及其产生的超额收益情况进行动态分析和比较，结果表明：

1. 商业银行智能投顾产品能够进行合理的资产配置，增厚资产收益。以摩羯智投进取为例，在大类资产配置上一直高配固定收益率资产，这一资产配置符合样本期间固定收益率资产收益较好，而权益类资产收益率较差的特征。这一资产配置方式，使得摩羯智投进取获取了较好的超额收益。

2. 商业银行智能投顾产品能够及时主动地调整各类资产仓位，有效应对市场变化。以工银股混为例，虽然在大类资产配置上一直高配权益类资产，收益率整体收益不佳，但在2017年股市牛市期间加仓权益类资产特别是大幅加仓大盘—价值类权益资产，在2018年股市熊市期间及时减仓权益类资产，使得2017—2018年产生较好的收益率。

3. 商业银行智能投顾产品能够有效识别并减少市场风险。从标准差（见表3）看，三只智能投顾产品的市场波动程度比三类代表性资产均有不同程度的下降，表明商业银行智能投顾产品能够通过合理的资产配置或其他手段，有效识别并降低各类资产的市场风险。

4. 商业银行智能投顾产品表现分化，行业良莠不齐。在对比不同银行的智能投顾产品甚至同一家银行的不同智能投顾之间，资产配置效率上有较大分化。金葵花进取在大类资产配置及权益资产具体配置上都表现欠佳；摩羯智投在大类和权益资产配置上都表现出色；工银股混在大类和权益资产配置上，前期表现较差，后期改善表现出色。

从整体看，国内商业银行智能投顾产品通过合理的资产配置，有效地协助客户开展理财和投资，不仅增厚投资者的收益水平，也有效应对市场变化并且减少市场风险。然而，由于起步晚、发展时间短，国内商业银行智能投顾产品表现分化，行业存在良莠不齐问题，仍有很大的改进空间。

（二）对商业银行发展智能投顾业务的策略建议

在巨大的市场需求推动下，各商业银行都从战略层面积极推进智能投顾业务发展。结合前文分析，本文建议：

1. 提升智能投顾技术能力。智能投顾的核心技术是人工智能，其核心能力包括用户画像、资产分析和优化配置等。本文虽然只分析了商业银行智能投顾在资产配置方面存在不足，事实上在用户画像、资产分析等方面也存在不少问题。为此，建议商业银行大力推进人工智能技术开发，不断提升用户画像、资产分析和优化配置等方面的智能化水平，提高智能投顾产品的服务效率和精准度。

2. 强化人工智能技术合作。智能投顾需要应用大量的人工智能技术，包括数据挖掘、机器学习、智能决策、图像识别、知识图谱、索引技术等，技术深度和广度是任何一家商业银行单方面难以满足的。为此，建议商业银行与国内外具有较强技术能力的重点实验室、科研院所以及技术应用公司等，进一步加强技术合作，共同开发应用于智能投顾业务的人工智能技术，不断提高智能投顾技术能力和业务水准。

3. 加强数据与技术风险防范。一方面，商业银行需要构建安全可控及广泛共享的数据生态圈，为智能投顾业务发展提供海量数据支持，并运用区块链等技术手段和管理措施，防范用户敏感信息泄露、账号被盗、信息篡改等风险。另一方面，商业银行需要通过白盒测试及特殊值黑盒测试等，查找深度学习框架及其依赖库中的各种软件漏洞，减少智能投顾工具设计偏差及使用错误，并积极防范黑客入侵、算法被修改、系统异常等风险，切实提高智能投顾服务的安全性和稳定性。

参考文献

［1］冯永昌，孙冬萌．智能投顾行业机遇与挑战并存（上）［J］．金融科技时代，2017（6）：17–24．

［2］何飞，唐建伟．金融科技"下半场"：商业银行强势回归——商业银行智能投顾的发展现状与对策建议［J］．银行家，2017（11）：10–14．

［3］李苗苗，王亮．智能投顾：优势、障碍与破解对策［J］．南方金融，2017（12）：76–81．

［4］麻斯亮，魏福义．人工智能技术在金融领域的应用：主要难点与对策建议［J］．南方金融，2018（3）：78–84．

［5］姜海燕，吴长凤．智能投顾的发展现状及监管建议［J］．证券市场导报，2016（12）：4–10．

［6］刘雅琨．金融科技视阈下我国智能投顾监管制度的构建［J］．浙江金融，2017（12）：51–57．

［7］陈娟，熊伟．智能投顾的业务属性和准入监管研究［J］．金融监管研究，2019（4）：46–61．

［8］孙清云，赵艳群．国内传统金融机构智能投顾业务发展探讨——以摩羯智投为例［J］．国际金融，2017（9）：34–39．

［9］芮萌，沈绍炜．工行、中行和招行智能投顾产品设计及业绩表现的对比分析［R］．中欧财富管理研究中心，2018–09–06．

［10］Robo–advisors with the Most Assets under Management，Robo–Advisor Pros. https：//www. statista. com/outlook/337/100/ robo–advisors/worldwide.

普惠金融

对中小企业减税降费政策实施效果的调查分析

——基于对湖北省咸宁市89户企业的调查

刘　为　陈　志[①]

近年来，国家出台了多项减税降费政策。比如下调增值税税率、减免小型微利企业所得税、提高小规模纳税人增值税起征点等。为全面了解减税降费政策实施效果以及政策执行中存在的问题，我们对湖北省咸宁市89家中小企业（12家中型企业、48家小型企业、29家微型企业）采取问卷调查、现场调研等方式开展了专题调查。调查发现：中小企业减税降费政策总体实施效果明显，但政策实施中也存在小微企业遵从成本增加，少数企业税负不降反升，部分企业减税红利受挤压，企业社保负担难下降等问题。

一、中小企业减税降费政策总体实施效果明显

（一）企业多项税负指标呈下降趋势，整体减税效果明显

随着各项减税降费政策密集发布实施，中小企业整体减税效果明显。问卷数据显示，近三年样本企业税收负担指标持续下降。一是企业总税负成本占比持续下降。2016—2018年，样本企业"企业纳税总额占企业综合成本的比重"分别为4.90%、4.15%和3.68%，呈持续下降趋势。二是税收负担较重的企业占比明显下降。2016—2018年，样本企业"企业纳税总额占企业营业收入的比重高于15%的企业"占比由2016年的8.1%下降至2018年的4.7%。三是企业的增值税（含营业税）税收负担持续下降，2016—2018年，样本企业的增值税（含营业税）负担分别为

---

①　作者简介：刘为、陈志，现均供职于中国人民银行咸宁市中心支行。

3.0%、2.78%和2.30%。

（二）多项普惠性减税政策效果叠加，小微企业受益更加显著

2019年以来，国家陆续出台了多项针对小微企业的减税政策。比如，提高增值税小规模纳税人起征点、减半征收"六税两费"、放宽小型微利企业标准等。一系列小微企业普惠性税收优惠政策的相继落地，使得小微企业享受到更多的减税红利。以咸宁市为例，一是将增值税起征点由月销售额3万元提高到10万元以后，全市共有小规模纳税人登记总户数67 363户，其中符合月销售额10万元以下的7 358户，占总数的10.92%，预计全年免税800万元。二是对增值税小规模纳税人按"六税两费"减半征收后，符合相关政策的小规模纳税人共87 059户次，预计全年减税9 500万元。三是大幅放宽可享受企业所得税优惠的小型微利企业标准后，全市申报总户数19 152户，其中符合小型微利企业的纳税人为17 402户，占全市企业比重为90.86%，预计全年减税8 500万元。

（三）减税降费政策红利正向传导，部分企业商品价格下降

2019年上半年，咸宁市共减免企业税费4.92亿元，其中，中小企业纳税人减免税费3.2亿元，占总规模的65%，减税降费政策对中小企业的稳定发展发挥了积极作用。比如，增值税税率下调后，不同企业虽受议价能力强弱差异的影响，减税收益在企业自身、经销商以及终端消费者三者分配时会有较大差别，但总体而言，部分减税红利已从生产端逐步传导到终端，直接带动终端产品价格的下降。问卷调查显示，减税降费后，34.8%的企业对客户降低了商品价格，13.4%的企业反映上游供应商降低了出厂产品价格。

二、减税降费政策落实中存在的问题

（一）税收政策调整频繁，使得企业特别是小微企业遵从成本增加

目前，我国税种较多、税目繁杂，新的税收政策频繁出台，现有的政策也不断调整。比如，近两年增值税税率调整3次，小微企业所得税减免政策调整4次。中小企业由于经营规模较小、管理不够规范、资金较为紧张等原因，会计人员素质相对不高，充分掌握这些政策，及时了解政策变化，严格执行各项政策要求，需要付出比大型企业更多的精力和财力。调查问卷显示，21.3%的企业认为，一定程度上存在减税政策频繁变化导致企业遵从成本增加的情况。

（二）部分行业增值税进项和销项税率下调幅度不一，导致少数企业税负不降反升

在交通运输、建筑业等行业中，受增值税销项税率下调幅度小于进项税率的影响，部分样本企业反映，对增值税减税政策的效果获得感不强。目前，建筑业、交通运输业等行业增值税销项税率按现行政策规定由10%下调至9%，而其进项税率却由16%下调至13%。由于进项税率下调幅度大于销项税率2个百分点，导致部分企业税负率难以下降，甚至出现了税负不降反升的现象。例如，按照某企业销售额1 000万元、购进原材料600万元来测算，按照现行的税率调整政策，该企业要多负担增值税8万元。比如，湖北咸宁远升建筑公司在税收政策实施首月后测算发现，企业税负水平上升0.8个百分点。

（三）部分小微企业议价能力较弱，实际享受到的减税红利受到挤压

增值税减税政策贯穿于全产业链条，减税效果会在产业链上下游间分配。在行业集中度相对较低、市场竞争较为激烈的一些行业，部分小微企业反映，由于议价能力相对较弱，需向上下游企业或终端消费者让渡大部分减税收益。调查问卷显示，40.6%的样本企业认为，由于缺乏定价权，往往被迫接受下游客户和上游供应商的价格，分走部分减税红利，减税政策对提升企业利润空间作用有限。比如，咸宁市中健医疗纺织公司反映，国家虽将出口退税率由13%提高到16%，但由于纺织业竞争激烈，企业为维护客户资源，不得以按下游企业要求将其产品相应降价3个百分点，如此，企业基本未享受到税收政策红利。

（四）受社保缴费基数上涨以及社保缴费率较高影响，企业社保负担难以下降

一方面，虽然企业城镇职工基本养老保险单位缴费比例由19%下调至16%，但从2019年7月起，咸宁市最低缴费基数由2 238元调至2 700元，上涨20.6%。这导致大部分企业社保成本不降反升。问卷数据显示，7月社保缴费基数调整后，61.1%的企业表示社保成本有所上升，22.2%的企业表示下降，16.7%的企业表示持平。比如，三环汽车方向机、天化麻业、志特新材料等多家企业反映，7月企业社保成本较6月增长20%左右。另一方面，目前我国的社保仍以省统筹为主，经济越发达、人口净流入越多的地区社保费率越低。2019年，咸宁市单位加个人五险缴费比例高达35.5%，其中，养老保险和医疗保险缴费比例分别高于广州市、深圳市最高档4.5个和3.8个百分点。社保缴费率的差异也导致企业该项成本难以下降。

（五）受盈利能力较弱、再投资税负较重等因素影响，民营企业减税红利难以向资本转化

目前，整体上中小企业增加固定资产投资意愿依然不强，问卷显示，仅有不到1/5的企业表示会将红利运用于增加固定资产投资。企业再投资意愿不强主要有以下两点原因：一是在经济下行期，中小企业受产能过剩、劳动力成本提高、附加值降低、利润变薄等问题的影响更大，利润受到挤压，短期内难以将减税红利向资本开支转化。调查问卷显示，33.7%的企业认为减税降费政策对企业的盈利影响很小，企业经营基本不考虑税费政策变化；31.5%的企业表示减税红利会用于减少负债。二是相关税收政策规定，企业利润再投入资本时，民营企业要先征收20%的个人收入调节税，而外资企业和国有企业则不需征收，这影响了民营企业投资、扩大生产的积极性。

（六）减税降费政策对企业影响有限，中小企业经营状况受宏观环境影响更大

一方面，目前单纯地通过减税降费政策降低企业成本、缓解企业压力的空间有限。从样本企业的成本结构看，样本企业缴纳的社保费、税金及附加费等平均约占企业总成本的5%，远低于企业原材料及薪酬支出成本。调查问卷也显示，80%以上的企业认为，企业最大的挑战来自成本压力（原材料和人工成本）及市场压力。另一方面，减税降费政策带来的红利被宏观经济环境变化所抵消。2018年下半年以来，外需不确定性上升、国内去杠杆推进、市场竞争加剧、客户需求减弱，虽有减税降费政策刺激，但在整体经济大环境下，企业的生产经营情况并未出现明显好转。调查问卷显示，减税降费后，59.6%的企业认为企业的生产经营情况没有出现好转，21.3%的企业还认为企业的生产经营情况变差了。

三、政策建议

（一）构建相对稳定的税制结构，加大政府收费项目清理力度

及时开展现有税收优惠政策效果评估，完善制度设计，提高政策适用性，减少政策变动频率。继续深化"放管服"改革，对现有政府收费项目进行清理、整合和规范，按照"正税清费"的原则推进税费制度改革。

（二）完善增值税减税政策，理顺价格传导机制

针对增值税税率降幅的差异对不同行业的影响，出台相应的配套措施，避免出现由于进销比例降幅不同导致企业实际税负增加的情况。加快简并增值税税率档次，根据具体情况不断完善。同时，逐步完善减税政策传导机制，理顺价格传导机制，实现税收中性，促使减税收益全产业链共享。

（三）进一步降低企业社保负担，制定相对灵活的缴费标准

建议调整社保缴费基数，根据企业规模、营运情况等各方面因素，综合设定合适的社保缴费基数下线，实行差异化的社保缴费基数标准；对亏损企业在社保缴费方面给予政策扶持，降低社保缴费刚性政策给企业带来的冲击。

（四）完善中小企业相关配套措施，构建便捷高效的营商环境

密切关注减税降费政策对中小企业的影响，不断优化、补充和完善相关配套政策措施，将减税降费政策落到实处。在关注税负变化的同时，持续关注减税降费政策对消费、投资、外贸、价格、结构优化等方面产生的联动影响，引导和帮助中小企业尽快适应市场环境变化。

基于风险预警视角的小微企业融资支持探析

郭田田[①]

摘要：2018 年以来，针对民营企业和小微企业融资难、融资贵的问题，习近平总书记作出重要指示，国务院多次召开常务会议和专题会议研究相关事宜。相关政府部门和商业银行积极响应中央号召，出台政策，发挥合力，着力研究解决小微企业融资成本降低、融资规模增加的问题。本文从相关部门融资支持举措和风险预警模型设计两方面进行分析并提出相关建议。

关键词：融资支持　风险预警　模型

一、引言

民营和小微企业是我国经济发展的重要力量，是经济新动能培育的重要载体，提供了大量的就业岗位和税收来源，在推动经济发展和技术要素创新方面发挥着不可替代的作用。但民营企业尤其是小微企业长期以来普遍面临着融资难、融资贵的问题。造成该现状的原因很多，既有企业自身存在寿命周期短、自有资产不足以及内部财务管理不规范等问题，也有市场、政策、债权人等外部影响因素，内外因素的综合作用影响了民营和小微企业融资。

二、对民营和小微企业的融资扶持情况

（一）央行发挥导向作用，积极运用货币政策工具

为深入贯彻党中央、国务院关于改进小微企业金融服务、解决好民营和小微企

---

① 作者简介：郭田田，现供职于中国人民银行营业管理部。

业融资难融资贵问题的重要指示精神，人民银行主要运用定向降准、创设定向中期借贷便利、增加支小支农再贷款和再贴现额度等结构性货币政策工具，积极引导金融机构支持、改善民营和小微企业融资环境，发挥货币政策工具的导向作用。

1. 定向降准。2019年政府工作报告提出，适时运用存款准备金率、利率等数量和价格手段，引导金融机构扩大信贷投放，降低贷款成本，精准有效支持实体经济，加大对中小银行定向降准力度，释放的资金全部用于民营和小微企业贷款。人民银行自2018年起多次降准，一是建立对中小银行实行较低存款准备金率的政策框架，促进降低小微企业融资成本，对聚焦当地、服务县域的中小银行，实行较低的优惠存款准备金率，释放的长期资金全部用于发放民营和小微企业贷款。二是在全面下调金融机构存款准备金率的基础上，再额外对仅在省级行政区域内经营的城市商业银行定向下调存款准备金率。释放的长期低成本资金，有助于推动市场利率下行，降低融资实际成本，加大金融对实体经济特别是小微企业的支持力度。存款准备金制度框架兼顾了防范金融风险和服务实体经济特别是服务小微企业两方面。

2. 加大再贴现和再贷款投放。在定向降准基础上，人民银行综合运用货币信贷政策工具，增加再贷款和再贴现额度，支持资本充足率达标、符合宏观审慎要求、监管合规的中小金融机构扩大对小微、民营企业的信贷投放。具体办理业务的人民银行分支机构，多措并举，积极做好再贷款和再贴现投放。一是进一步优化民营和小微企业金融生态环境，开展再贴现政策宣传与培训，为辖内中外资银行讲解当前人民银行再贴现政策，宣传再贴现业务，推进党中央和国务院政策落地，简化审批流程，缩短办理时限，切实服务解决好民营和小微企业发展需求；二是加强利率引导，发挥好货币政策工具引导作用，明确要求金融机构办理再贴现的民营和小微企业票据贴现利率低于同期同档的贴现加权平均利率；三是在对商业银行的宏观审慎评估（MPA）中，新增专项指标用于鼓励金融机构增加民营企业信贷投放，对支持小微、"三农"、扶贫、双创等普惠金融领域较好的金融机构，给予进一步的政策倾斜。

（二）发挥合力，多部门出台扶植政策

中国人民银行行长易纲表示，切实改进和提升小微企业金融服务，要在精准聚焦上下功夫，明确支持重点；在增量扩面上下功夫，着力优化融资结构；在考核激励上下功夫，打通"最后一公里"；在政策合力上下功夫，几家一起抬，不断把金融服务小微企业工作推向深入。多部门协同配合，有助于更好地改善小微企业和民营企业融资环境。如中国人民银行营业管理部联合北京银保监局、证监局、市发改委、财政局、金融局等部门出台《关于进一步深化北京民营和小微企业金融服务的

实施意见》，从加大货币政策支持力度、强化政策协同效应、健全激励约束机制、完善考核评估制度、优化营商环境等方面提出 20 条措施，打通政策传导的"最后一公里"，引导金融机构将更多资金用于支持民营和小微企业发展，进一步优化民营和小微企业营商环境。

财政部、国家税务总局出台了《关于金融机构小微企业贷款利息收入免征增值税政策的通知》，旨在解决小微企业贷款难的问题，降低小微企业融资成本。原中国银监会发布《中国银监会办公厅关于 2018 年推动银行业小微企业金融服务高质量发展的通知》，引导银行业金融机构加强对普惠金融重点领域的支持，并确立"两增两控"目标；联合税务部门充分利用企业纳税信息，支持银行运用"互联网＋大数据"方式实现线上实时审批放款。财政部门加大财政支持力度，完善融资担保体系，通过政府性融资担保降低企业融资费用，并安排专项资金，实施小微企业融资担保降费奖补政策，推广债务融资支持工具，支持民企发债融资。工信部起草了《及时支付中小企业款项管理办法（征求意见稿）》，旨在细化法律制度、明确部门职责、维护中小企业权益、预防和化解拖欠中小企业欠款问题，进一步落实党中央支持民营企业、中小企业发展的重大决策部署。

（三）商业银行积极推进普惠金融发展，加大对民营和小微企业的融资支持

在利率市场化加快、互联网金融冲击的大环境下，越来越多的商业银行为应对潜在利差收窄、大客户业务需求减弱和同质竞争激烈等因素，已主动将民营和小微企业业务提升到战略地位。国务院常务会议提出，推动银行健全"敢贷、愿贷、能贷"的考核激励机制，支持单独制订普惠型小微企业信贷计划，工、农、中、建、交 5 家国有大型商业银行要带头，增加小微企业贷款余额、降低小微企业信贷综合融资成本。据 Wind 数据统计，大型商业银行 2018 年符合"两增两控"的普惠金融贷款余额达 2.50 万亿元，同比增速为 30％左右。2018 年农商行小微企业贷款余额增幅 16.1％，得益于其经营下沉服务小微企业。

三、小微企业风险预警模型构建及应用

习近平总书记指出，深化金融供给侧结构性改革要平衡好稳增长和防风险的关系。由于小微企业在公司治理、经营和财务等方面信息不透明，且存在缺乏银行认可的抵质押资产、资信评级普遍较低等问题，商业银行对小微企业贷款存在着效率低、成本高、风险大的问题。因此，准确识别小微企业特点，提供对应的政策支持

和信贷产品，采用与其风险特征匹配的决策流程和风险防控手段，构建和应用小微企业风险预警模型，对商业银行做好小微企业的贷款投放和风险管理，控制不良贷款金额、不良率具有重要的现实意义。

国外商业银行一般采用评分卡等零售业务工具，构建小微企业零售化信贷业务模式和风险管理体系来防范风险。我国商业银行多通过定性评价指标结合定量财务指标的方式，构建信用风险评价模型，得出小微企业的违约概率。这种评价方法虽然可以评价借款人的信用风险状况，但也存在某些缺陷：一是小微企业的财务数据存在一定的滞后性，很多情况下，取得数据时风险已经发生；二是某些小微企业财务数据的真实性有待考究；三是定性评价时主观因素较大，有失公允。

借鉴国外经验，结合我国实际情况，本文建议通过分析小微企业的结算交易流水和征信记录等信息，结合部分财务指标，利用相关模型和算法，构建信贷预警模型，提前预判借款人违约的可能性，为信贷决策提供参考信息，同时对违约概率较高的借款人发出预警信号，及时采取风险防范措施，保障银行信贷资产安全。建模分析应用主要包括目标确定、数据准备及清洗、数据加工、数据建模、结果分析评价等几个步骤。

（一）模型设计思路

1. 建模准备。将小微企业标识信息、违约信息、基本情况、征信情况、结算信息、资产信息等进行整理和观察。

2. 数据清洗。对于数据样本，通过数据剔除、数据填充、数据变换、衍生变量构造等对数据进行清洗。剔除只有一种取值的指标和缺失数据；为统一自变量的尺度，并削弱共线性和数据的非平稳性等问题对模型结果的影响，对连续型数值指标进行对数化和正态化处理，使其分布呈正态或接近正态，采用加、减、乘、除等方法将多个单变量进行复合构建新的指标。

3. 变量压缩与调整。一是变量相关性检验，计算 Pearson 和 Spearman 相关系数，对其中相关关系显著的变量进行分组和筛选。二是变量聚类，将解释变量按财务状况（是否过度负债或过度担保、营运能力、成长性）、结算信息（交易结算笔数和金额、结算变化情况）、小微企业主基本信息（年龄、婚姻状况、学历情况等）、小微企业主财务状况（住房类型、应付贷款金额及增长情况等）等分组，并从各分组中选取最显著的指标。

4. 哑变量构造。使用相关技术对企业所属行业、企业主婚姻状况、受教育程度、现住房性质等字符型变量进行分析，根据分析结果进行变量分箱，将相应变量转化为哑变量。

5. 模型构建。借款人违约变量 y 设两个取值 0 和 1，$y=0$ 视为贷款人未违约，$y=1$ 视为贷款人违约。设有多个自变量影响因变量 y 的取值，分别为 x_1，x_2，…，x_n，条件概率 $p(y=1|x_i)$ 为观测值 y 相对于某事件 x 发生的概率。在算法方面，可根据选取的数据情况，采用逻辑回归、随机森林、神经网络、GBDT 等算法。

6. 模型打分。根据二元预测模型可以获得四类预测结果，真阳性、真阴性、假阳性和假阴性。应用四类预测结果计算灵敏度和特异度两个指标，灵敏度是真阳性预测结果占所有好客户样本中的比重，灵敏度越高表明模型识别出好客户的能力越强；而特异度是指假阳性预测结果占所有坏客户样本中的比重。一个预测模型的灵敏度越高，特异度越低，说明模型正确识别的好客户越多，模型的有效性越高，付出的错误成本越低。通常绘制的 ROC 曲线以特异度为横轴，以灵敏度为纵轴。在 ROC 曲线图中，曲线上升的速率越快，模型的预测效果越好，表明随着灵敏度的增大，特异度增大的较小。实际建模应用中，经常使用 K–S 值、AUC 值等指标来评判模型的预测能力，其中，K–S 值计算了 ROC 曲线与正方形左下角到右上角间的斜对角线之间的垂线距离，因此，K–S 值越大，说明模型的预测准确性越高。

（二）模型应用与建议

1. 精准识别可政策扶持的小微企业。政府部门和商业银行可以通过风险预警识别模型，判断拟扶持的企业是否适用于小微企业的融资支持政策和风险管理要求。尤其是商业银行在客户筛选和信贷决策时，可结合新时代中国经济发展特点，优选聚焦主业、贷款用于再生产或技术创新的客户，如在农业、绿色产业、高端制造业、环保、新能源等产业领域，加大信贷投放和风险防控管理，促进小微企业的新动能成长，防范小微企业将信贷资金盲目用于扩大经营范围和其他投资等用途。

2. 实时预判企业风险。小微企业风险往往呈区域性、行业性连片发生的特点，商业银行可通过风险预警模型在初步信用风险识别基础上，及时观测借款人违约信息，对违约可能性较高的借款人发出预警信号，提前采取风险防范措施，保障银行信贷资产安全。

3. 加强预警模型与人工智能结合应用。建议商业银行在资信审查、投资顾问、模型应用等方面，加强与科研机构、咨询公司等外部单位在人工智能领域的研发合作。如对关联关系企业中预警客户占比进行监测，并有针对性地开展风险提示和管控，提升模型的适用性和有效性。

参考文献

［1］岳宇君，仲云云．基于动态博弈的科技型中小企业扶持政策优化研究［J］．科技与经济，2018（6）：11－15.

［2］张琳，廉永辉．绿色信贷、银行异质性和银行财务绩效［J］．金融监管研究，2019（2）：43－61.

［3］莫开伟．货币政策精准发力降低小微企业融资成本［N］．中国商报，2019－05－09：2.

业务交流

新时代文化企业进一步发挥财务管理职能的几点建议

刘　芸[①]

随着文化企业的蓬勃发展以及信息技术对会计领域的冲击，财务管理的服务对象、服务领域、工作手段、工作体制、工作机制和工作职能都面临着转型升级，可以说财务管理机遇与挑战并存，改革与发展任务艰巨而繁重。文化企业财务管理人员要高效完美地完成自身的管理工作，不仅要具备相应的业务素质、道德素养，更要明确新时代下企业对财务管理职能的需求。文化企业面对激烈复杂的环境，要求管理创新，因自身行业特点及国家在财政、税收上的特殊政策，需要财务管理在基本的核算职能基础上，加强数据分析和财务预测，提升与业务的融合，积极研究国家政策，特别是在财务分析、预算管理、成本管理、融资管理、税务筹划、政府补助、风险管理方面进一步发挥积极作用，从而协助企业实现高质量、可持续的发展。

一、提升数据分析与财务预测能力，提供高质量、全方位的财务信息

在"文化＋"政策导向和产业创新的思路下，产业融合进一步深化，特别是文化与旅游、体育、科技、金融以及互联网等产业的融合，为文化企业的发展提供了广阔空间。市场环境瞬息万变，能否及时把握信息，抓住机遇是成败的关键。因此投资人及其他财务报告使用者要更迅速地了解企业或项目的盈利能力、运营能力、财务状况和面临的风险，必然需要财务提供更加准确、全面的数据和多维度分析，合理预测未来的发展趋势和变化。所以，财务管理人员不仅要有丰富的专业知识，还要有数据挖掘能力，具备从大量的数据中搜索出隐藏于其中有用信息的能力，以

---

① 作者简介：刘芸，现供职于新华社计财局。

及从历史及当前数据中推断出未来发展趋势的能力。对文化企业、项目进行财务分析时，要注重无形资产、人力资本等重要资源的把握，充分考虑知识产权、信誉、品牌、创意、社会资源等的价值，掌握细分产业的盈利状况、现金流量情况、资金周转水平等。

二、树立大局意识、全局观念，将财务融入业务，加强预算、成本管理

新时代，财务管理人员要树立大财务观念，从企业整体层面出发，站在全局的角度客观看问题，努力使财务思维扩充到企业的每个环节、每个员工和每项经济业务活动中。这有利于企业实行全过程、动态性、多维性全面预算管理和成本管理，更有利于企业战略的制定和执行。预算管理和成本管理是信息社会对财务管理的客观要求，财务部门要拓宽思维，加强与其他部门沟通与合作，从而促进管理作用的有效发挥。财务不仅要做好事后的分析和核算，还要参与事前的预测和控制，事中的服务和监督，也就是推进财务向业务前端延伸。此外建立业务、法务、财务三部门会审的合同管理制度，有助于进行事前的税收筹划、资金运作，便于多方面充分发挥财务管理在企业管理中的重要作用。

三、优选融资渠道，实现资金供求平衡

文化企业大多轻资产较多，固定资产较少，文化项目的成功所倚重的创意、想法等无形资产一般难以明确计量和估算未来的收益，对于银行等金融机构来说贷款风险较高。这使得该类型的企业易受到融资限制或约束，遭遇融资瓶颈。财务管理人员可在项目的评估和可行性研究论证方面投入更多精力，若项目价值和风险能够被合理地估算和预测，则文化企业就可能实现融资破题。同时可以看到，近几年不少金融机构加大了对文化产业的支持力度，进行了一定的金融创新。例如，国家开发银行推出了用知识产权作抵押、第三方出具评估报告、保险公司来担保的"国际文化产业银行"模式；交通银行推出文化创意产业中小企业版权保证贷款。此外，为了有效地拓展文化企业的融资渠道，扩大资金来源，不仅可以采取向银行贷款的方式，还可以通过融资租赁等其他方式实现融资的进一步扩大，满足融资需求、避免资金出现短缺。无论采用哪种融资方式，都要注意加强防范随之而来的财务风险，提前计划做好应对措施。

四、积极研究国家政策，争取政府助力，寻求发展机遇

为促进文化产业的发展，中央及地方政府相继出台财税政策并且加大财政投入。政府支持文化企业的方式也逐渐增加，包括专项资金、政府采购、定向资助、贴息贷款、项目补贴等方式，支持范围与力度也在持续扩大。以文化产业发展专项资金为例，自2003年设立以来累计投入500亿元以上[①]，2018年中央财政实际发放30.26亿元[②]，从2019年起政府改变投入方式，从专项资金转为政府基金，这意味着政府扶持文化产业更侧重于市场机制的充分发挥。此外，"一带一路""乡村振兴""供给侧结构性改革"等国家战略的实施，也为文化企业的发展提供了难得的机遇。2019年8月，国务院办公厅发布《关于进一步激发文化和旅游消费潜力的意见》（国办发〔2019〕41号），提出了9项激发文化和旅游消费潜力的政策举措。财务管理人员要积极研究相关政策，同时与有关政府部门保持良好的合作关系，在适当的时候获取政府帮助扶持，不仅能够缓解文化企业资金压力，还可能寻找到新的发展商机。

五、降低企业整体税负成本，做好纳税筹划

为繁荣文化事业和文化产业，国家出台了一系列税收优惠政策，文化企业的财务管理人员要重视并合理利用这些政策，在税务筹划后更大程度地减轻企业税负。税务筹划是一项专业性较强的工作，要求财管人员熟练掌握国家相关的税收法律政策，尤其是国家的各项税收优惠、减税降费等相关措施，同时对业务层面也要有所了解。例如2008年，国务院办公厅发布《关于印发文化体制改革中经营性文化事业单位转制为企业和进一步支持文化企业发展两个规定的通知》（国办发〔2008〕114号，以下简称《通知》），从多方面对文化转制企业给予政策支持。2014年、2018年又分别对《通知》进行了修订和完善（国办发〔2014〕15号和国办发〔2018〕124号），但支持力度不减，特别是保留了免征企业所得税、房产税、部分收入免征增值税，文件执行期限延续到了2023年12月31日。2013年财政部、国家税务总局颁布《关于延续宣传文化增值税和营业税优惠政策的通知》，在自治区内注册的出

[①] 祁述裕，曹伟. 文化产业发展专项资金政策：绩效评估、理论探讨及对策建议［J］. 行政管理改革，2018（11）.

[②] 连静如. 公共财政如何更好地助推文化产业发展［J］. 人民论坛，2019（5）.

版单位的图书、期刊、音像制品、电子出版物，在出版环节执行增值税先征后退50%。2014年，财政部、海关总署、国家税务总局联合发布《关于继续实施支持文化企业发展若干税收政策的通知》，对文化企业部分税收进行减免和优惠，特别是对按规定认定为高新技术企业的文化企业减按15%的税率征收企业所得税，新技术、新产品、新工艺发生的研究开发费用允许加计扣除。2018年，财政部和中宣部联合发布《中央文化企业公司制改制工作实施方案》，对部分中央文化企业改制为有限责任公司政策上给予大力支持。结合企业的经营情况，科学合理地利用这些税收优惠政策，可以降低税收成本。

六、防范和控制风险，正确应对危机

"明者防祸于未萌，智者图患于将来。"为了全面提升企业的整体风险防范能力，可通过文化渗透及培训，增强全员的危机意识与防范意识。财务管理人员尤其要增强忧患意识，提前进行科学预判，采取恰当有效的控制措施。实践证明完善文化企业内部控制体系的构建，积极制定有效的防范措施，可以合理规避财务风险的发生。随着金税三期全方位覆盖，税务稽查力度也越来越大。为了有效应对潜在的财务风险、税务风险，财务管理人员要居安思危、知危图安，既要有防范风险的先手，也要有应对挑战的高招。近年来，保险作为风险转移的一种有效手段，越来越受到关注。2011年，文化部和原中国保监会联合发出《关于保险业支持文化产业发展有关工作的通知》，列明支持文化产业试点的11个险种①。文化产业保险的发展为文化企业降低运营风险提供了保障。

新时代要有新气象，更要有新作为。随着文化产业的繁荣发展，财务管理在文化企业管理中的位置越来越重要。财务管理人员同样要不忘初心、牢记使命、恪尽职守、勤勉工作。一方面主动学习、精研业务，使自己成为一专多能的复合型人才，另一方面解放思想、实事求是，转变原有传统观念，不断开拓创新，努力探索与新时代的新要求、新形势、新使命相适应的管理模式和工作方法，才能与时俱进地适应文化企业发展的要求，履行好财务管理人员的职责使命。

---

① 包括演艺活动财产保险、演艺活动公众责任保险、演艺活动取消保险、演艺人员意外和健康保险、展览会综合责任保险、艺术品综合保险、动漫游戏企业关键人员意外和健康保险、动漫游戏企业关键人员无法从业保险、文化企业信用保证保险、文化企业知识产权侵权保险、文化活动公共安全综合保险等险种。

对人民银行基层行构建内控合规文化的几点认识和思考

李卫国　　熊丽霞①

摘要： 近年来，内控合规文化在发挥文化感召引领作用，提高全员依法履职、合规操作自觉性方面发挥了积极重要的作用。本文结合人民银行基层行现状，就如何进一步构建和加强内控合规文化工作进行研究探讨。

关键词： 人民银行基层行　合规文化　认识与思考

近年来，随着全面从严治党、从严治行工作的不断深化，各级行在强化风险管理、完善内控机制方面逐步得到深化和加强。但结合不断从严的管理形势和风险事件时而显现的问题来看，人民银行基层行对合规认识不具体、内控管理不深入，制度选择性执行、信任代替监督等现象仍客观存在。究其深层次原因，是部分单位和个人未能真正认识到内控合规的重要性，因认识不到位致使行动上缺位，最终导致风险事件的发生。因此，建立内控合规的长效机制，大力推进内控合规文化建设势在必行，通过借助文化理念来感召、教育和引导人，纠正错误思想认识和观念，并逐步形成一种体系化、可传承、管长远的合规文化体系，才能真正让内控合规化风成俗、深入人心。

一、内控合规文化的内涵及其现实意义

内控合规文化是在实践中自上而下自觉遵守各项规章制度，主动维护规则有效性与权威性的一种氛围和机制，是能够传承、创造和发展的文化总和。内控合规文化体现在信念的坚守、价值的追求、规范的遵循、形象的展示等诸多方面。从文化构建来看，它是将内控合规从认识、目标、行动、价值体现等方面所做出的系统性整合，并将其作为

---

① 作者简介：李卫国、熊丽霞，现均供职于中国人民银行鄂州市中心支行。

提升思想认识、规范操作行为、遏制违规发生的主动性防御措施，通过搭建内控合规文化体系的总体框架，最终形成具有时代精神和央行特色的文化理念和价值观。

结合央行工作的实际，构建内控合规文化的意义主要体现在以下几个方面。

（一）合规文化是促履职的需要

人民银行各项职责是法定职责，合规是实现有效履职、持续发展的重要保证。通过内控合规文化的构建，发挥文化感召引领作用，营造上下齐心、通力合作的良好环境，提高全员依法履职、合规操作的自觉性，促进和推动人民银行基层行全方位发展，全面提升服务经济社会的水平和质量，并确保工作与业务发展不偏离既定的目标和轨道。

（二）合规文化是防风险的需要

人民银行职责涉及金融政策的拟订和执行、国家资金的安全和管理、金融风险的防控和监测等，其工作特性决定每一名央行员工必须要有良好的职业道德操守，能够形成较强的自我约束能力。但从各地暴露出的风险事件来看，多数风险都是由人的不当行为所造成，而人的行为来自所受文化的熏陶。唯有加强合规文化建设，促使员工树立合规操作的理念，争当合规文化的楷模和典范，风险防范才会变得更加积极主动和有效，进而形成风险防范的长效机制。

（三）合规文化是强管理的需要

近年来，一些合规失效的案例在人民银行基层行仍时有发生，凸显人民银行基层行在内控合规管理方面发展滞后的问题。内控合规文化是央行文化的重要组成部分，应渗透到单位的发展、内部的管理、干部的成长等各个环节，管理缺位、执行变样都会对所在单位、部门和个人带来不利影响。通过构建内控合规文化，促使合规理念和意识渗透到每名员工的思想与具体行动之中，通过内化于心，外化于行，切实增强干部职工的责任感、归属感和荣誉感，让管理的效果得到巩固和加强。

二、构建内控合规文化的主要制约因素

（一）认识上存有误区

从基层实践来看，干部职工普遍对内控合规文化的内涵认识不足，其主要体现在两个方面：一是未能正确认识内控合规文化体系构建的重要性，对文化的统筹和

系统构建思考较少，部分单位认为人民银行基层行只要抓好业务、安全、创新等硬性考核指标就可以，忽视了内控合规文化软实力的系统性构建；二是对内控合规的认识仍停留在传统层面，其突出表现是时常在提、反复在讲，但对内控合规的核心"为什么要合规"以及"如何践行合规"未能说深解透，管理层面与执行层面思想未能统一、形成共鸣，导致内控合规的宣传、执行效果欠佳。另外，受传统思维的阻碍，少数人员认为构建内控合规文化是空话、套话，难以短期出成果、显成效，更有甚者把内控合规的具体要求当做一种负担和刁难。

（二）构建上仍不系统

内控合规文化的形成是一种不断创造、积累和传承的过程，需要经过一段时期的积累才能逐步体现其价值。一直以来，人民银行基层行在内控合规文化构建上，缺乏系统、深入、全面的规划，有的单位仅制订短期或阶段性任务目标，对内控合规管理呈现出碎片化、零散化的特点，"头痛医头、脚痛医脚"的管理措施存在一定程度的短视化和功利化倾向。另外，在具体管理措施上，也客观存在时紧时松、创新和传承不足的问题，突出表现是谈制度执行多，谈文化构建少，未能把制度执行融入到内控合规文化建设之中，并贯穿于单位管理、事业发展的全过程。由于在强化合规意识的方式上普遍较为传统和单一，大家对合规理念的宣传形成疲态，客观影响了内控合规宣传的实效。

（三）行动上缺乏配合

当前，"文化就是软实力""文化建设就是能力建设"等新理念仍未能在人民银行基层行深入人心，大家对合规文化的认同感和主动执行、配合意识仍有待加强。内控合规文化的建设涉及部门多、内容广、期限长，在落实具体工作任务时，相关部门和人员容易出现各家自扫门前雪，相互之间缺乏交流、沟通和配合，未能很好地形成合力。个别部门和人员认为内控合规是上级行和领导思考的事情，主观上将自己和所在部门排除在外，在行动上不主动、不支持或不配合，未能真正在单位内部形成握指成拳的整体效应。

三、几点建议

通过不断的实践、探索和研究，我们认为内控合规文化的构建应是一种润物无声、潜移默化的过程，既要把握内控合规的显著特点，同时也要遵循文化构建和形成的自然规律，必须要有计划、有目标稳步系统地推进。

（一）加强领导，提高认识

各级行党委应把内控合规文化的建设放在行稳致远的高度予以统筹谋划，将其融入和打造成为单位文化构建的重要组成部分。一是通过制订针对性意见和方案，将内控合规理念上升到文化体系的高度，实现用文化的力量来不断强化思维，固守道德操守，构建行为规范，为内控合规文化体系的深入推进营造氛围、指明方向；二是分层明确领导机构和部门职责，要制订长期发展和阶段推进的措施及目标，完善落实监督评价机制，不断做好文化宣传、总结和推广，逐步巩固文化形成的阶段成效，让全行上下在全员参与、不断深化、有效融合、持续创新的过程中，感受到内控合规文化的持续熏陶，使合规文化成为看得见、摸得着、抓得住的常态化工作，最终把坚守合规变为自觉行动，主动融入到文化构建的行动中来。

（二）统筹规划，稳步推进

内控合规文化的构建是一项利当前、管长远的系统性工程，它涵盖业务流程、规章制度和内部管理等各个方面，合规文化的形成就是对以内控合规为主的理念、措施、行动有机整合和不断优化的循环过程。一是在理念上明确文化建设和管理创新双轮驱动的总基调，行动上要全方位、立体化构建，形式上要多种方式结合，效果上要不断巩固和提升；二是切实维护好内控合规文化价值权威，通过系列务实性的活动与措施，在推进合规教育、开展主题活动、促使文化落实三个方面实现融合发展，鼓励培育匠心精神，逐步形成不断创造、持续发展、能够传承的内控合规文化新体系，最终引导全员实现由被动合规、部分合规向主动合规、全面合规的方向转变。

（三）强化配合，形成合力

大力加强内控合规文化的学习和宣传，提高全员对文化的认同感和参与度。一是认真做好内控合规文化宣传工作，组织开展各类案例和警示教育活动，通过专家授课、展板宣传、简报期刊、征文研讨、网络新媒介等多种形式广泛宣传内控合规文化，引导全员主动了解和深入合规文化的建设之中；二是各级党员干部应坚持带头参与、自觉遵守，通过对合规文化的学深悟透，把自己摆进去，把职责摆进去，把工作摆进去，真正做到内化于心，外化于行，形成"人人讲合规，处处显合规，事事重合规"的良好氛围；三是组织开展内控合规文化理论研究，为文化体系传承发展营造正向舆论基础，为文化的可持续发展奠定坚实的理论根基，通过理论实践的不断结合，逐步在基层形成大家都够自觉遵循的共同意识和价值观念，以促进人民银行基层行各项目标的顺利实现。